아산재단 연구총서 제303집

한류 문화와 동북아 공동체

최 혜 실

집문당

머리말

실크로드를 여행할 때였다. 시안, 장안(長安)이라는 이름으로 더 알려진 그곳에는 진시황릉이 있었다. 왕을 지키기 위해 늘어선 8천여 점의 병마용갱과 방대한 지하궁을 보고 아연실색했다. 왕은 외로웠을까? 아니면 두려웠을까? 불멸을 위한 인간의 집념은 길을 따라 한없이 펼쳐졌다.

고비사막 한가운데서 부부가 합장되어 있었으나 이제 그림만 남은 고분을 보았다. 텅 빈 석실에는 부부가 살아 있었을 때 했던 집안일, 농사일의 그림들이 빼곡히 그려져 있었다. 그들은 무엇을 남기려 한 것일까? 무덤에까지 살아 있었을 때의 추억을 가져가려 한 이유는 무엇이었을까?

투르판의 아스타나 고분구의 부부 미라 또한 눈물겨운 것이었다. 나란히 남아버린 두 구의 미라는 죽음까지도 갈라놓을 수 없는 이들의 사랑을 반증하는 것일까? 순간 안동 연이 엄마의 언문편지와 머리카락으로 삼은 미투리가 합쳐졌다.

순간 안동, 시안, 고비사막, 투르판으로 이어지는 공간이 수백 년, 수천 년으로 이어지는 시간과 만나게 되는 착각에 빠졌다. 수천 년 동안 거기 존재했던 동북아라는 공간이 불멸이라는 주제의 스토리텔링을 통하여 하나로 묶이는 순간이었던 것이다. 불멸에의 염원은 항상 기록의 보존으로 나타난다는 것을 인터넷 매체의 블로그들을 보면서 더더욱 확신하게 되었다. 사람들은 시대마다 그에 맞는 매체를 통하여 자신을 기록함으로써 속수무책으로 도망가는 시간을, 기억을 잡으려 했다.

디지털 시대, 정보통신의 발달로 세계가 하나로 묶이는 이 시대에 한류 현상이 동북아 문화 교류를 촉진하는 상황은, 그러므로 우연이 아니었다. '미디어의 스토리텔링을 통한 동북아의 하나 되기'가 이 책의 궁극적인 메시지임을 밝힌다.

2010년 10월
〈평화의 전당〉이 보이는 연구실에서
최혜실

차 례

제 1 부 동북아 공동체의 전개와 양상

제2부 한류 현상과 동북아 사회문화 교류

제 3 부 한류를 통한 문화통합

• 표 차례 •

그림 차례

제 1 부

동북아 공동체의 전개와 양상

제 1 장

패권주의로서의 동북아 공동체의 역사

제1절 사회복지정책과 게임이론

제2절 내쉬 협상해법

제3절 RKS 협상해법과 기타 협상해법

제 1 장 패권주의로서의 동북아 공동체의 역사

왜 동북아 시대이며 과연 가능한가. 이 점을 다시 찬찬히 되짚어 보면 삼국의 사회문화적 협력의 방향과 중요성, 그리고 문화콘텐츠의 역할에 대한 해답이 나온다.

근대 이전, 동아시아의 국가 간 관계는 중국의 화이(華夷) 질서로 대표된다. 중국은 자국을 세계의 중심으로 보아 자국의 문명을 '화(華)', 주변을 뒤떨어진 '이(夷)'로 파악하고 그 문명의 정도에 따라 차등을 두는 위계질서의 세계관을 지니고 있었고 이것을 바탕으로 중국 황제와 주변 국가의 군왕들 사이에 형성된 예(禮)적 관계에 기반한 국제 질서를 형성하고 있었다.

그리고 중화세계 속에서 소중심들은 중국의 화이관을 빌려와서 자신의 주위에 적용했다. 조선의 경우 세종과 세조는 여진(女眞)에게 조공을 바치게 했으며 일본이 조선을 '상국(上國)'으로 부르는 데 만족해했다. 그런데 표면적으로는 사대사상(事大思想)으로 보이는 이 소중화주의는 세월이 지나면서 소중심으로서의 정체성이 체계화, 그것이 국민국가 형성의 동력으로 발전하게 하는 데 일정한 기여를 한다.

이런 중화사상은 서구의 자본주의의 충격으로 동요되고 동아시아는 패권국가가 존재하지 않는 불안정한 질서가 계속되었다. 이즈음 일본은 일찍부터 서구 문명을 도입하고 체제를 개혁하는 데 성공, 동아시아의 불안정한 정세를 틈타서 영국과 동맹 체제를 형성하고 러시아의 남하를 견제할 수 있었다. 미국과의 협력을 통해 타이완과 조선을 합병, 새로운 제국을 형성할 수 있었다.

그러나 만주국 수립 이후 영국, 미국과의 갈등은 시작되었고 중일전쟁으로 곤경에 빠진 일본은 구미의 식민지 지배를 타파하고 아시아 민족을 해방하자는 명분을 내세워 근대 이전의 중화 질서를 대체한 대동아공영권을 형성하려 하였다. 표면적으로는 초국가주의를 주장하였으며 서구라는 타자에 대해 아시아적 정체성을 추구하고 아시아 국가 간의 상호연대를 추구한 것이었다. 그러나 일본의 만주, 한국, 대만의 점령과 중국의 침략을 세세히 살펴보면 그것이 단순히 군사적 논리에서 비롯한 구상이며 일본 전통의 가족 윤리와 천황제 이데올로기를 확장한 것에 불과함을 알 수 있다. 서구적 가치를 극복하자는 근대 초극론은 정치적·군사적 힘을 동원한 직접 지배를 합리화하려는 이데올로기에 불과했다.

일본의 패전 이후 미국은 군사력과 경제력을 바탕으로 아시아와 태평양에 영향력을 행사하기 시작했다. 미국은 일본의 식민지 통치 방식이 아니라 안보를 내세운 미군 주둔이나 각 국가들과 동맹을 맺는 방식으로 지배하였고 미국과 일본의 주도 아래 한국과 동남아가 수직적으로 배치되는 구조였다. 여기에 미국의 경제력은 큰 역할을 했다. 한국 등 아시아 개발도상 국가들은 근대화를 진행하는 사이 미국식 자본주의를 표준으로 받아들이면서 자연스럽게 미국에 동화되었다. 특히 분단의 냉전 논리는 한국의 국민국가 건설의 기본 바탕이 되었다.[1)]

---

1) 백영서 외, 『동아시아의 지역 질서』, 창비, 2005, pp. 11-31.

제 2 장

최근 한국에서 대두되는 동북아 공동체론의 양상

제 2 장 최근 한국에서 대두되는 동북아 공동체론의 양상

2003년 2월 25일 출범한 참여정부의 3대 국정 목표는 국민과 함께 하는 민주주의, 더불어 사는 균형발전사회, 평화와 번영의 동북아 시대이다. 정부는 동북아 역내 국가의 국가주의적 가치와 보편주의적 가치의 조화를 위해 동북아시대 위원회를 만들었고 여기서 정책의 통합 방향성을 제공하라는 의견이 개진되었다. 경제, 교육, 문화, 외교 등 모든 분야에서 이를 위해 노력해야 하며 통합 방향 아래에서 구체적 사업을 벌여야 한다는 것이다. 개인의 운명을 결정하는 공동체의 범위를 열고, 넓고 멀리 보아 미래의 지평을 열자는 것, 일본이나 중국을 설득하기 전에 인류 보편적 시각으로 한국 국민을 설득해야 한다는 주장은 국내 외국인 근로자, 혼인자의 증가에 따라 다문화주의의 필연성이 대두한 때문이기도 하다.[1)]

동아시아에 대한 논의는 동구권이 몰락하고 한국의 민주화가 어느 정도 진행된 90년대부터 시작되었다. 이는 냉전 시대의 한-중-일 관계가 탈냉전 시대의 새로운 국면에 접어든 상황에서 한국의 입지에 대한

1) 김명섭, 「동북아 시대 구현을 위한 사회문화적 협력 구상」, 동북아시대 위원회 발표, 2006.8.29(발표자료 비공개).

반성과 성찰의 결과이기도 하다. 종래 대립과 반목의 관계를 화해와 통합의 관계로 만들기 위해서는 한반도가 적대적 분단 상태를 해소하고 종래의 민족 국가 모델을 넘어선 통일의 새 길을 개척함으로써 민족주의와 탈민족주의가 대립적으로 뒤섞이는 혼란을 종식해야 한다는 논의는[2] 이제 국가적이며 정책적인 차원에서 논의되는 듯싶다.

논의되는 동북아시아론은 종래의 중화주의라든가 대동아공영권, 혹은 미국식 패권주의와는 다른 방향의 지역 통합이라 보인다. 이는 종래 중심 국가에 주변 국가가 종속되는 통합이 아니라 주변에서 중심으로 확산되는 지역 통합이며 미국-한국의 양자주의 같은 종적 관계가 아니라 다자주의의 횡적 결합인 것이다.

그런데 한국으로서는 더할 나위 없이 좋은 이런 상황이 왜 도래한 것인가? 아니 정말 도래한 것일까? 광대한 국토와 수다한 인구를 거느린 중국의 급속한 경제 성장과 이미 선진국으로서의 위상을 다지고 있는 일본에 비해 기껏 중형국가를 자처하는 한국으로서 이런 양상은 불감청이언정 고소원일 것이다.

그러나 이것은 목전에 닥친 상황이 아니라 앞으로 풀어나가야 할 과제란 표현이 훨씬 정확할 것이다. 소련과 미국으로 대표되는 이념의 대립이 사라져 한국, 중국, 일본, 그리고 북한이 탈냉전의 새로운 국면에 접어든 것은 사실이나 자국의 이익에 대해 한 치의 양보도 하고 있지 않다. 미국 경제가 불안하고 이미 국력을 키운 동북아시아 국가들이 미국의 패권주의에 싫증을 느낀 것은 사실이나 그렇다고 자신의 패권주의를 포기한 상황은 아니다. 오히려 중국과 일본은 비어 있는 중심을 차지하려고 맹렬하게 자신의 세력을 확장하고 있다.

---

2) 최원식, 『문학의 귀환』, 창작과 비평사, 2001, p. 389.

제 3 장

최근 중·일의 외교 전쟁

제 3 장 최근 중 · 일의 외교 전쟁

역사, 영토, 해역을 둘러싼 삼국의 갈등은 오히려 최근 들어 더 심해진 듯싶다. 중국과 한국은 일본의 역사 교과서와 고이즈미 수상의 야스쿠니 신사 참배에 대해 격렬한 반감을 가지고 항의한 바 있다. 2001년 일본의 '새로운 역사교과서를 만드는 모임'이 중학교 역사교과서 검정용 교재를 발간하려고 했을 때 한국과 중국은 소리를 모아 군국주의를 찬양하는 이 역사교과서 발간에 반대했다. 이 교과서는 약간의 수정을 거친 후 검정을 통과했으나 다행히 지극히 낮은 채택률을 기록했다.

고이즈미 수상의 야스쿠니 신사 참배는 일본 군국주의 부활의 혐의를 갖게 하는 또 하나의 요소이다. 태평양 전쟁의 전범인 도조 히데키 등의 위패가 안치되어 있는 신사에 일본 수상이 참배한다는 사실은 한중 양국의 자존심을 심각하게 건드리는 사건이었다.

이런 역사 문제가 상징적인 갈등이라면 영토 및 영유권 문제는 실제적이기에 더 민감하다. 일본과 중국 간의 영토 문제는 센카쿠 제도에서 벌어지고 있다. 각자 자신의 정당성을 주장하는가 하면 양국의 국민들은 항의 데모, 섬 점령 등 실력 행사로 나가고 있는 실정이다. 한국과 일본 또한 독도를 사이에 두고 똑같은 분쟁의 양상을 보이고 있다. 최근에는 백두산을 둘러싸고 한국과 중국 간의 갈등이 깊어지고 있다. 바다의 경우 한국, 중국, 일본이 각자 200해리를 주장할 경우 중복되는 해역이 많기 때문에 해역의 분쟁은 이미 그 불씨를 내포하고 있다.

중국과 일본은 급속한 경제 성장으로 증가하는 에너지 수요를 보충하기 위해 세계 각 지역에서 에너지를 획득하기 위해 노력하고 있다. 일본은 사할린에서 천연가스와 석유자원을 개발하고 있으며 카자흐스탄 해상의 유전개발, 이란의 아자데간 유전 개발도 추진 중이다. 중국도 이에 못지않다. 카자흐스탄과 파이프 라인 건설 협정을 체결하였고 알제리에 정유 시설을 구입하였으며 동시베리아에서 동아시아로 이어지는 원유 파이프라인을 놓고 일본과 협상을 벌이기도 하였다.

동남아시아에 대한 중일의 외교 공세 또한 뜨겁다. 양국이 아세안(ASEAN)과 자유무역협정을 체결하였다. 고이즈미 수상은 더 적극적이어서 아세안 각국과 포괄적인 경제 제휴 구상을 제창했다. 그는 아세안 각국과 함께 걷고 함께 나아가는 공동체 구축을 제안하면서 개혁과 번영, 안정, 미래에의 협력 등 세 가지 분야에서 협력해 갈 것을 제안했다. 좀 더 구체적으로 보면, 무역, 투자, 과학기술, 교육, 관광 등의 분야에서 일본과 아세안 각국이 포괄적 협력을 하고 안전보장 문제에 대해 상호 간 협력을 하며 문화적 교류를 확대하자는 것이다. 중국도 여기에 질 수 없었다. 내정불간섭과 영토 분쟁의 평화적 해결을 규정한 동남아시아 우호협력조약에 가입했고 아세안 각국들과 정기적인 안보 포럼을 개최하기로 합의했다. 그리고 이들의 경쟁은 남아시아와 중앙아시아에서도 계속되고 있다.[1)]

---

1) 김영작 · 김기석 엮음, 『21세기 동북아 공동체 형성의 과제와 전망』, 한울아카데미, 2006, pp. 112-129.

제 4 장

다른 지역 공동체 사례와의 비교

제 4 장 다른 지역 공동체 사례와의 비교

중국과 일본은 왜 한국에는 그런 공세를 취하지 않는가? 그것은 동남아나 중앙아시아, 서남아시아가 자국에 훨씬 도움이 되기 때문이다. 한국과 중국 일본은 역사적으로 반목과 대립의 기억을 지니고 있으며 서로를 종적 관계로 엮어온 전력을 지니고 있다. 공산주의와 민주주의란 사상적 대립도 존재한다. 게다가 영유권, 해역 등 실질적인 이해관계가 첨예하게 부딪치는 부분이 많다. 이런 상황에서 중국과 일본이 자원을 획득할 수 있고 아직 성장기라 경제, 문화 면에서 우월성을 선취할 수 있는 다른 나라에 관심을 지니는 것은 당연한 일이다.

따라서 동북아시아 공동체는 한국만이 간절히 바라는 세력 균형 관계일 뿐이다. 그렇다면 어떻게 해야 중국과 일본을 설득하여 지역 공동체의 꿈을 이룰 수 있을 것인가? 지역 공동체 구축에 성공한 EU의 경우를 살펴보면 절망감은 짙어진다. 오랜 세월 사회적 가치관을 공유하고 십자군 전쟁 등 국제 관계에서도 공동의 규범이 형성되어 온 유럽 공동체에 있어 통합이란 그리 어려운 일이 아니었다.

한국, 중국, 일본의 경우는 개방적 지역주의, 혹은 개방적 국가주의란 자가당착적이며 모순되는 것처럼 보이는 방식을 취할 수밖에 없다. 국가의 정치적 독립성을 유지하고 사회문화적 다양성을 인정하면서도 경제와 군사의 영역에서도 일정한 독자적 영역을 지속하고 안으로는 인간중심적 관점으로 국가주의를 형성하며 밖으로는 다른 국민과 공동 번영과 공동 안보에 기여해야 한다는 것이다.

이런 모순된 국가주의와 보편주의의 조화를 이루기 위해서는 우선 다양한 지역통합이 기능주의에 입각해서 추진되어야 한다. 한 가지 원칙으로 지역을 통합하지 않고 각각의 목적에 따라 그 규모와 방식이 달라야 한다. 이래야 모순과 이해관계의 충돌을 최소화할 수 있다. 또 정부가 아닌 NGO나 민간단체가 중심이 되어 다양한 분야의 교류가 이루어지게 하는 것도 한 방법이다.

그런데 지금까지 나온 이러한 견해들은 한국이 원하는 것이지 중국이나 일본이 원하는 것이 아니라는 점이다. 그 작은 섬, 독도 때문에 얼마나 지리한 논쟁과 투쟁을 계속하고 있는가? 중국은, 적어도 한국이 보기에는 민족의 영산임에 틀림없는 백두산에 동계 올림픽을 유치한다며 신경전을 벌이고 있다. 중국은 한국이 치를 떨건 말건, 자신이 일본의 교과서 왜곡에 그리 분노했던 것을 되갚음이라도 하는 것처럼 동북아공정을 외치고 있다. 물론 한국이 그 두 나라를 나무랄 필요는 없다. 우리 또한 그 작은 섬 독도를 사수하기 위해 온갖 노력을 다하고 있지 않은가? 드라마 〈주몽〉을 보며 광활한 중국이 한때 우리의 무대였음을 자랑스러워하고 있지 않은가?

제 5 장

정보통신이 가속화한 초국가주의

제 5 장 정보통신이 가속화한 초국가주의

결국 세 나라의 이해관계를 동북아 공동체를 만드는 데 일치시켜야 할 묘안이 해결책이 될 것이다. 여기에 미디어는 큰 역할을 한다. 교통과 통신의 발달이 인류에게 새로운 시공간 개념을 심어주고 이것이 인간의 사유의 방식에 영향을 주어왔음은 많은 연구자들에 의해 일찍부터 주목받아 왔다.

자급자족이 이루어지던 농경 사회는 주민들이 정착 생활을 해왔으며 그들의 생활 반경은 영주의 봉토 중심으로 이루어졌다. 산업혁명 이후 증기기관의 발명과 새로운 교통수단의 등장, 그리고 근대국가의 형성은 동시에 나타난다. 도보나 우마를 사용하던 사람들은 증기로 움직이는 열차와 선박으로 훨씬 넓은 행동반경을 확보했다. 이제 사유의 범위는 봉토에서 국가단위로 바뀌었다.

민족은 원초적인 공동체가 아니라 근대 자본주의의 발전 과정에서 생겨난 역사적 구성물이란 견해는 설득력이 있다. 단군 신화 등 민족 신화가 강조되고 자국어에 대한 사랑이 대두한 것은 유럽이건 동북아시아이건 근대 이후의 일이었다. 공식 언어로 라틴어나 한자가 통용되던 중세와 달리 국어에 대한 사랑이 강조되면서 맞춤법 통일안이 나타난다. 민족주의가 갖는 이데올로기적 호소가 왕조의 정통감이 사라진 근대 사회의 상실감을 대체해줄 효율적 가치관이었고 이 가치관은 소설이나 신문이 '상상의 공동체'로서 민족적 연대감을 만들어 가는 데 큰 역할을 했다.

그런데 디지털 시대, 통신 기술과 미디어 산업의 발달로 전 세계는 좁혀지고 문화의 혼종 현상을 보이고 있다. 동시에 같은 화면을 접하고 같은 유행을 공유하게 된 상황에서 산업화로 두터워진 중산층들은 피부색과 문화가 자국과 비슷하면서도 적당히 이질적인 동아시아의 각국 문화에 호감을 가지게 되었다. 최근 나타난 한류 현상의 중요한 원인은 바로 이 미디어의 발달인 것이다.

이제 사람들은 국가 단위에서 세계를 바라보기 시작했다. TV를 켜면 CNN이나 NHK에서 세계 각국의 뉴스와 날씨를 보도하고 있다. 인터넷 사이트를 열면 세계 각국의 물건들이 나타난다. 한국에서 파리지엔이나 뉴요커의 유행을 따라잡는 것은 쉬운 일이다. 클릭하고 카드로 요금을 지불하면 일주일 안에 상품이 집에 도착하는 세상이다.

존 어리(John Urry)는 이런 현상을 시공간의 압축이라고 표현했다. 마차로 미국 동부에서 서부로 가는 데 석 달이 걸렸다면 증기기관차로는 사흘이 걸리고 비행기로는 네 시간이 걸린다. 그런데 최근 유비쿼터스 컴퓨팅 기술로 인해 시공간의 무화(無化)가 이루어지고 있다. 최근 유비쿼터스 기술은 용도에 따라 공간을 구획하는 근대의 합리성에 강력한 도전을 하고 있다. 예를 들면 지하철은 목적지까지 가는 교통수단이다. 그러나 MP3로 음악을 들으면 음악 감상실이 되고 DMB로 스포츠 중계를 보면 거실이 된다. 모바일 폰은 전화에서 시작했지만 그것으로 친구와 수다를 떨면 그곳은 놀이공간으로 변하며 게임을 하면 게임방이 된다. 또 주식투자를 하거나 은행계좌로 송금을 하는 등 업무 처리를 하면 일터로 바뀐다. GPS를 활용하면 내릴

지하철역의 교통 상황을 훤히 알 수 있다.

이제 공간은 단순한 물리적 공간에서 전자 공간과 중첩되면서 증강 현실(augment reality)로 바뀐다. 지금 이 지하철 공간에 육체적인 내가 앉아 있지만 실제 내가 통화하고 있는 사람은 미국에 있다. 저 멀리 떨어져 있던 공간이 삽시간에 내게 다가와 연결된다. 하루 종일 가야 아는 사람 하나 만날 수 없었던 그 고독한 익명의 공간이 아는 기술에 의해 내가 보고 싶은 사람과의 소통으로 인해 친밀한 공간으로 변모한다. 합리성과 이성, 목적성이 횡행하고 도시공간은 모바일 화면 안의 예쁜 캐릭터와의 게임에 의해 놀이 공간, 환상의 공간으로 변모한다. 유비쿼터스 기술이 만들어낸 이 공간의 혼재를 앞으로 어떻게 활용할 것인가? 아니 21세기 지구는 이제 공간 계획의 리모델링에 돌입해야 할 시점이다.

제 6 장

공간의 무화를 활용하는 동북아 지역 통합

1. 미디어를 통한 지역 간 융합의 시도
2. 한중일 사이버 놀이마당 설립

제 6 장 공간의 무화(無化)를 활용하는 동북아 지역 통합

1. 미디어를 통한 지역 간 융합의 시도

종적인 통치의 오랜 관습이 존재해왔고 이념과 경제의 격차마저 존재하며 영유권 등 첨예한 이해관계가 닿아 있는 동북아 삼국의 지역 통합은 사실 요원하다. 화해와 교류는 어쩌면 한국의 고독하지만 달콤한 꿈인지 모른다. 중국과 일본은 훨씬 혜택이 많은 동남아시아, 서남아시아, 중앙아시아에 구애에 가까운 협력의 공세를 펼치고 있는 실정이다.

그러나 양대 강국과의 관계에 있어서 우리에게 가장 유리한 방식은 한중일 삼국이 서로의 다양성을 인정하면서 거리감을 좁히는 것이다. 그것을 설득하는 데 가장 확실하고 효율적인 방법이 미디어의 활용이다. 디지털 정보통신 기술은 거리의 개념을 좁히고 놀이성을 증대시킨다. 삼국은 각자의 문화와 역사, 삶의 방식들을 엔터테인먼트 산업의 꿈과 감성을 통하여 공유하면서 그 거리를 무화시킬 수 있다. 또 이 방식은 영유권 등 직접적인 국가 간의 이해관계를 건드리지 않고 교류를 가능하게 하면서 그 과정에서 심정적 거리를 좁히는 데 효율적이다.

인터넷 강국의 이점을 최대한 살리면서 동시에 미디어를 채울 콘텐츠의 개발에 박차를 가하며 그 발달된 콘텐츠 기술을 바탕으로 삼국 간의 교류를 제안하는 것이다. 미디어의 감성적 측면, 놀이성을 십분 발휘하여 각국의 시청자들에게 한국에 대한 꿈을 심어주고 궁극적으로 세계 시민들이 알고 싶은 곳, 와보고 싶은 곳, 살고 싶은 곳으로 각인될 수 있다.

2. 한중일 사이버 놀이마당 설립

지금 인터넷은 한국, 중국, 일본 누리꾼들 간의 민족 전쟁 중이다. 동북공정, 독도 영유권, 야스쿠니 신사 참배, 〈괴물〉의 표절 시비 등의 문제로 설전을 벌일 뿐 아니라 사이버 공간 특유의 놀이성이 가미된 전쟁이 나타나고 있다. 지난 달 중국의 일부 누리꾼들은 온라인 축구 게임의 일본 서버에 집단적으로 들어가 채팅창을 욕설로 '방법' 했다.

온라인의 무정형성이 폭발적인 힘으로 오프라인을 변화시키는 양상을 우리는 붉은 악마, 촛불시위, 대통령 선거에서 보아 왔다. 이 사이버 민족주의는 조만간 오프라인의 민족주의로 고착화할 것이다. 이것을 막기 위해서는 재미와 꿈의 콘텐츠가 있고 자유로운 대화의 창이 열려 있는 사이버 커뮤니티를 만들어 삼국의 젊은이들을 교류시켜야 이 교류는 다시 오프라인의 삼국 청년 놀이 포럼으로 연결된다[1].

1) 최혜실, 「동북아 시대 구현을 위한 사회문화적 협력」, 『구보탁보』 Vol. 1, 2006.12, pp. 220-232.

제 7 장

사회문화적 교류를 위한 문화콘텐츠의 활용

제7장 사회문화적 교류를 위한 문화콘텐츠의 활용: 순수예술과 문화산업의 소통을 통한 교류영역의 다양화와 확산

1) 한류와 문화예술 및 교육 교류의 연계

한류(韓流)는 일시적이란 의미를 강하게 담고 있는 어원과는 달리 북미, 남미, 중동 지역까지 확산되면서 지속되고 있다. 앞에서 지적했듯이 정보통신과 미디어의 발달이 서로에 대한 간격을 좁힌 결과이다. 대중문화에서 시작된 한류는 최근 패션, 순수문학 등 문화예술, 교육 분야에도 확대되고 있다. 이 추세를 활용하여 순수예술의 전통과 자양분을 문화산업에 소통시킴으로써 한국의 문화산업의 질을 높이면서 동시에 대중문화에 대한 관심과 매력을 한국문화예술 전반으로 확산시키는 효과를 얻을 수 있다.

한자나 유교 문화, 혹은 신화의 동질적 자원을 발굴하여 교류함으로써 지역의 보편적 원리나 상징으로 제시하는 것은 중요하다. 그러나 중요한 것은 방법이며 전략이다. 최근 5천 년의 역사를 지닌 한국 문화와 역사에 살아 숨쉬는 문화원형의 디지털 콘텐츠화 사업이 소기의 성과를 거두고 있다. 〈대장금〉 등이 한류의 선봉에 서 있음을 볼 때 한국문화의 세계화야말로 동북아의 공감대 형성에 중요한 역할을 할 것이라는 예감이 들게 한다.

지금 문광부에서 추진 중인 한국어, 한국학, 한식, 한복, 한지, 한옥 등 소위 '한(韓) 브랜드'의 산업화를 통한 세계화도 순수예술, 문화, 전통의 한류 확산에 초점을 맞추고 있다. 이를 체계적으로 확산하기 위해 아시아 문화동반자 1만 명 확보의 목표를 세우고 있다. 그러나 한국을 가장 잘 소개할 수 있는 사람은 유학생들이다. 한류 드라마를 보고 한국을 배우러 온 이들을 활용하여 긴밀한 네트워크를 형성함으로써 모국에 가서 다시 한류를 소개할 선순환구조를 만드는 것도 방법이다. 중국과 일본에 있는 한국 유학생의 활용도 중요하다.

보편 원리는 소재의 차원뿐 아니라 구조의 차원이어야 한다. 단순히 역사물, 풍속 등의 소재를 취할 때 근본적인 공통점이나 미학적 가치를 찾아낼 수 없다. 예를 들어 〈가을동화〉는 한국에서도 인기가 있었지만 특히 중국에서 선풍적인 인기를 끌었다. 그 이유를 추적해 보면 작품 구조가 〈공무도하가〉의 죽음과 이별을 상징하는 물의 원형 이미지와 일치하기 때문이다. 〈공무도하가〉는 진나라 무제 때 민가 정리 작업 중에 채록된 상화가(相和歌)의 하나로 직례성 내의 조선현의 노래이다. 이 조선현 사람들은 중국인이라기보다 고조선 이래 한국사람들의 잔류이다. 한국인의 감수성을 간직한 중국인이라는 점에서 초국가 시대의 디아스포라적 정체성을 연상하게 하는 대목이다. 즉 중국과 한국을 관통하는 공통의 원형 구조를 지니고 있기에 〈가을동화〉는 양국에서 환영받을 수 있었다. 이 구조적 차원을 심도 있게 추출해낼 수 있는 학술적 기구와 커뮤니티의 설립이 시급하다.

2) OSMU를 통한 순수예술과 문화산업의 연계

디지털 매체의 융합(convergence) 경향은 또한 영역 간의 소통을 원활하게 한다. 아날로그 기술을 배경으로 하던 시대에는 문학, 게임, 영화, 애니메이션, 드라마 등의 장르는 각각 고유한 생산 및 소비 체계가 있고 서로 간의 연관성이 크지 않았다. 그러나 문화상품들이 디지털 콘텐츠화되면서 산업부문 간의 유기적인 연관성이 커졌고 이에 따라 원본 콘텐츠로 여러 산업을 가동하는 것이 가능해졌다.

이 과정에서 소설이 애니메이션이나 게임으로, 영화가 소설로 각색되는 일이 많아졌는데 이 경향을 활용하여 양자의 소통을 활성화한다. 즉 한국, 중국, 일본 순수문화예술의 좋은 소재를 대중매체의 콘텐츠로 활용하는 방안을 지금보다 더 체계적이고 거시적으로 활용한다.

3) 국가(정치), 예술(문화), 산업(경제)을 융합한 교류

21세기는 근대 이후의 상품과 예술의 경계가 교환 관계로 바뀌는 시기이다. 자본주의가 의식산업에까지 침투하여 정보가 이윤을 낳는 상품이 되어 상품의 사용가치나 교환가치보다 기호가치가 강조되면서 상품의 미학성이 중요시되었다. 이때 예술과 상품의 구분이 모호해지는 경향으로서 문화산업이 대두되고 있는 것이다. 여기에 디지털 기술 등 정보통신의 발달은 이 경향을 가속화하였다. 디지털 기술로 인해 예술의 일회성, 예술가의 천재성, 신비성이 약화되고 장인으로서의 예술가에서 프로슈머로서의 생산/소비자 개념이 등장, 상품 생산과 소비의 경계가 약화된다.

이처럼 범주가 근본적으로 변화함에도 불구하고 그간 정부에서는 애니메이션, 게임, 영화 등 종래의 스토리텔링 장르가 방송이나 디지털 매체 등 대중 속에서 구현되는 협의의 측면을 문화산업의 핵심으로 강조해왔다. 이제 정보 통신의 발달, 새로운 경제의 대두 등에 의해 상품의 예술화가 급속 발달, 진행되어 상품의 생산과 소비가 예술의 창작 및 향유의 방식과 닮아감으로써 삶의 질이 향상될 수 있는 방향성에 중점을 두어야 할 것이다. 그 증거로 최근 상품 마케팅에 '감성 마케팅'은 예술작품이 수용자를 감동시키는 방식을 상품이 소비자를 감동시키는 방식이 닮아가는 현상이라 할 수 있다.

디자인, 광고, 브랜드, 캐릭터 같은 상품은 문화산업과 밀접한 관계를 지니고 있다. 좀더 극단적으로 말하면 애니메이션, 컴퓨터 게임의 문화적 요소, 상품적 요소가 디자인 등 상품의 상품적 요소, 문화적 요소와 유사하게 된 것이다. 예를 들어 LG의 홀맨, 우비소년, 딸기는 기업의 브랜드 이미지를 높이는 캐릭터로 시작했는데, 최근 애니메이션 등으로 제작된 기업의 판매 전략이 문화산업과 연결된 좋은 예이다.

한국의 국가 이미지 제고도 실은 이 상품의 예술화로서 문화산업과 연계되어 진행되어야 한다. 기 소르망의 조언처럼 최근 한국이 자신의 이미지를 세계에 알리려는 문화정책이 있다. 그러나 상품을 파는 기업의 활동과 한국을 알리는 행사가 별개로 행해지면서 의당 합침으로 해서 얻게 되는 시너지 효과를 획득하지 못하고 공허한 구호로 전락할 우려가 대두된다.

<table>
<tr><td rowspan="3">한국의 이미지</td><td>한국 기업 이미지</td><td>브랜드－광고
상품－판매</td></tr>
<tr><td>한국 예술 이미지</td><td>문화예술－전시, 출판, 공연</td></tr>
<tr><td>한국 문화산업 이미지</td><td>문화콘텐츠－방송, 판매</td></tr>
</table>

기업의 제품 생산, 브랜드 이미지 제고, 마케팅을 종래 문화산업이라고 여겨지던 것과 연결시킴으로써 한국의 예술 이미지와 문화산업 이미지의 구축으로 전반적인 국가의 이미지 만들기가 필요한 시점이다.[1)]

1) 최혜실, 「한국 문화산업 육성을 위한 이론적 토대로서의 문화콘텐츠」, 『인문콘텐츠 3호』, 인문콘텐츠학회, 2004.6, pp. 70-71.

제 2 부

한류 현상과 동북아 사회문화 교류

제 1 장

지역통합의 양상과 한류의 관계

1. 한류의 배경과 전개 양상
2. 문화, 경제, 정치의 융합과 한류

제 1 장 지역통합의 양상과 한류의 관계

1. 한류의 배경과 전개 양상

1) '한류(韓流)'의 배경

'한류(韓流)'란 단어는 태생부터 '일시적인 것'이란 의미를 강하게 담고 있다. 이 단어는 1999년 중반 중국 언론 매체가 처음 쓰기 시작했다고 한다. 1999년, 문화관광부는 한국가요의 홍보용 음반을 CD로 제작하여 해당국가의 방송사, 잡지사, 대학, 디스코텍 및 한국공관에 배포할 목적으로 1억 5천만 원을 투자하여 중국어 6천 장과 일본어 및 영어 각 3천 장씩의 음반을 기획 제작하였다. 이 음반은 영어와 일어 버전에 'Korea Pop Music', 중국어 버전에 '韓流-Song from Korea'라는 제목을 달았다.[1)]

이 중국어 버전의 음반기획을 맡은 회사는 지난 77년부터 베이징 음악 방송국을 통해 정규적으로 1시간씩 중국어로 진행하는 한국가요 소개 프로그램인 '서울음악실'(漢城音樂颬)의 제작 및 운영을 맡

1) 중앙일보, 2000.1.20, 문화 p. 44 보도내용.

고 있는 (주)미디어플러스였다. 당시 홍보용 음반의 타이틀을 논의하는 기획회의에서 북경영화대학(北京電影學院) 연출과 교수가 젊은이들 사이에서 새로운 유행경향을 총칭하는 '寒流'라는 신조어에서 '寒'을 '韓'으로 바꾸자는 의견을 제시하여 타이틀을 '韓流'로 정하게 되었다고 한다. 그리고 몇 년 후 이 단어는 이제 중국, 대만, 홍콩, 일본, 싱가포르, 베트남 등에 이르기까지 한국 대중문화의 인기를 가늠하는 의미로 자리 잡았다.

2) 한류의 전개 양상

말 자체가 이렇게 즉흥적으로 생긴 것이라 현상도 반짝 인기에 그칠 것이라 생각했던 사람들이 많았다. 그러나 한국문화에 대한 인기는 최근 북미, 남미, 중동 지역까지 확산되어 그 우려가 사라졌다. 터키와 인도에는 〈해신〉이, 핀란드에는 〈풀하우스〉가, 가나와 탄자니아에 〈겨울연가〉, 홍콩과 이집트에 〈대장금〉, 우즈베키스탄과 스와질란드에 〈올인〉 등이 전파를 탔거나 방영 예정 중이다. 특히 〈겨울연가〉는 20여 개국에 수출되어 2,000만 달러를 벌어들였고 〈대장금〉은 40개국에서 570만 달러를 벌어들였다.[2)]

한국문화의 불모지였던 이집트에서 〈겨울연가〉가 방영되자 폭발적인 반응을 일으켰다. 드라마가 방영되던 밤 9시 30분이면 부인들 성화에 남편들이 일찍 퇴근했을 정도였고 "이집트 사람의 영혼을 울렸다"고 말할 정도로 반향이 컸다.[3)]

드라마나 대중가요에서 시작된 한국에 대한 관심은 이제 다른 대

2) 동아일보, 2006.3.14.
3) 조선일보, 2005.12.12.

중문화 영역에까지 확산되고 있다. 광고 수출이 활발하다. 단순히 삼성 같은 글로벌 기업의 광고뿐 아니라 CJ 스팸 광고 같은 중소기업의 광고도 그 콘텐츠의 우수성을 인정받아 일본에 수출된다. 삼성전자 애니콜 광고는 중국이나 홍콩, 대만을 넘어 중동의 아랍에미리트까지 진출하고 있다. 패션도 만만치 않다. 앙드레 김의 상하이 패션쇼는 성공리에 끝났다.

대중문화뿐 아니라 순수예술 영역도 바람이 불고 있다. 최근 한국 시가 일본에서 속속 번역되고 있다. 일본 문예지가 한국 시를 소개하고 있고 최영미의 시집이 돌풍을 불러일으키고 있다. 이 현상에 대해 전문가들은 대중문화에 대한 관심이 문화의 본령이랄 수 있는 문학으로 넘어가는 과정이라고 해석하고 있다.[4] 또 프랑스에서도 한국 소설의 판매량이 10년 사이 세 배가량 늘었다.

2004년 최고의 인기작 〈파리의 연인〉이 방송된 후 드라마 특수는 엄청났다. 2006년 〈겨울연가〉의 윤석호 PD가 〈봄의 왈츠〉를 제작하려 하자 이탈리아, 오스트리아, 캐나다 관광청에서 동시에 제작 지원을 하겠다고 나섰다. 이들 관광청에서는 자기 나라가 한국 드라마의 배경으로 등장하면 일본과 한국 관광객을 유치하는 데 도움이 된다고 생각했기 때문이다. 실례로 〈파리의 연인〉의 두 주인공이 춤을 춘 저택으로 쓰였던 파리 근교의 샤토 드 몽빌라르젠 호텔은 방송 이후 한국인 관광객들이 크게 늘었다고 한다.[5]

문화상품 수출은 해마다 비약적으로 증가하고 있고 최근 관광은 한류 드라마를 적극 활용하고 있다. 2001년 〈가을동화〉를 활용한 관광상품 개발의 성공적 결과를 바탕으로 2002년 드라마 〈겨울연가〉

---

4) 중앙일보, 2006.1.24.
5) 중앙일보, 2005.6.28, p. 22.

가 대만 방영을 시작으로 홍콩, 싱가포르 등지에서 잇따라 방영되면서 드라마 촬영지인 남이섬, 춘천, 명동거리, 용평스키장 등지는 최고의 각광받는 관광지로 부상하였고 이미 수십만 명의 관광객들이 다녀갔다.[6] 굳이 숫자를 대지 않더라도, 일단 관광이 잘된다. 춘천 남이섬의 명성을 생각해보라. 2005년 한해 외국인 관광객 30만 명이 북한강 가운데에 있는 이 작은 섬을 찾았다. 한국에 온 관광객 20명 중 1명이 여기를 방문한 셈이다. 2000년만 해도 유원지에 불과했던 남이섬은 이제 국제적인 관광명소가 되었다.[7]

이에 따라 한국에 대한 이미지도 크게 개선되고 있다. 참고로 〈인민일보〉의 대한민국 이미지는 1991년부터 문화 예술 분야에서 두드러지게 긍정적인 이미지가 나타나고 있다.[8] 1970년대만 해도 신문지상에 한국에 대한 보도는 거의 없었으나 국교 수교 1년쯤 후인 1993년의 조사를 살펴보면, 과거의 부정적 이미지가 급속히 호전되면서 수출입국으로서 비약적 발전을 이루었음을 높이 평가하고 있다.

이렇게 경제적인 측면에서 인지도가 높았던 한국은 2000년 이후 문화적인 측면에서 포괄적이며 구체적인 인지도를 나타낸다. 한 조사에서 보면 한국과 연상되는 상품과 이미지들을 자연스럽게 유도한 결과 매우 구체적이고 다양한 연상이미지가 나왔다. 10대는 성형수술, 조선족, 전통적 생활습관이, 20대는 의류, 메이크업, 성형수술이, 30대는 음식, 관광, 가전제품이 두드러지게 나타났지만 공통 연상요소는 문화상품, 축구, 김치, 대기업이었다.

---

6) 김미주, 「한국 영상매체가 한류 관광객에게 미치는 영향」, 세종대석사논문, 2004.
7) 조선일보, 2006.1.10.
8) 한재혁, 「인민일보의 보도를 통해 본 중국의 대한국 이미지」, 고려대석사논문, 1997.

특히 한국이 선진문화를 가지고 있으며 민족정신이 있고 효도, 경로사상이 뛰어나다고 인식하고 있는데 그 이유로 한국 드라마 〈사랑이 뭐길래〉가 놓이는 점은 시사적이다. 즉 이 드라마에 나타나는 가족 중심적 사상과 가부장적 분위기가 그대로 한국 이미지로 투영되고 있는 것이다. 한류의 영향이 얼마나 지대한가를 단적으로 보여주는 예라 하겠다.[9)]

앞으로 얼마나 지속될지 알 수 없고 아직까지 한국의 문화나 이미지 전체를 움직이는 힘으로까지 발전하지는 못했더라도 그 속도나 지속기간을 더 이상 무시할 수는 없다. 틀림없이 많은 대중문화가 해외로 수출되어 영향력을 행사하고 있고 그 과정에서 한국의 이미지가 형성되고 있는 것은 사실이다.[10)]

2008년 중국, 일본, 베트남, 대만을 중심으로 한 아시아 각국의 정책 당국자 및 현지 전문가의 심층 인터뷰 결과는 이를 잘 증명하고 있다. 전문가들의 심층 인터뷰에 의하면 지금 중국 등 아시아의 한국 문화콘텐츠 상품 시장 점유율은 몇 년 전보다 늘어나지 않고 안정된 상태에 처해 있다고 한다. 오히려 그 중요성이 감소된 분야도 많아지고 있는 상황이다. 특히 계속 반복되는 주제 때문에 중국 시청자들이 지루해하고 있다.[11)] 아무튼 한류 열풍은 지나갔으나 현재 한국의 문화 유입이 평온하게 진행되고 있다는 것이 중론이다.

그럼에도 한류가 한국의 국가 이미지에 긍정적인 영향을 미쳤다는

---

9) 한국문화콘텐츠진흥원, 『중국내 '한류' 현상에 대한 소비자의 잠재적 니즈 파악 및 향후 접근전략』, 2004.1.
허진, 「중국의 '한류(韓流)' 현상과 한국 TV 드라마 수용에 관한 연구」, 『한국방송학보』 통권 16-1, pp. 496-529.

10) 최혜실, 『한류드라마의 스토리텔링』, 새문사, 2007, pp. 13-17.

11) 한국방송영상산업진흥원, 『한류의 지속적 발전을 위한 종합조사 연구』, 2008.3, pp. 332-335.

데에는 이론의 여지가 없다. 일본에서는 한국의 제품, 기업에 대한 이미지까지 획기적으로 개선시키지는 못했으나 확실히 한국이라는 나라, 관광, 음식과 같은 문화에 좋은 영향을 미치고 있다고 한다.[12)] 대만에서는 한국상품 특히, 휴대폰을 비롯한 가전, 패션, 의류 등의 판매가 급등했다. 물론 국수주의, 한국 우월주의가 스며 있는 드라마로 인한 분쟁의 소지는 없어야 하겠다.

2009년 혐한류의 분위기에 대한 조사는 우리에게 많은 시사점을 준다. 일본, 중국, 태국, 인도네시아, 싱가포르의 반한류 분위기는 다양하다. 먼저 일본의 경우 주요 일간지에는 반한류에 대한 언급이 없으나 개인 블로그나 익명 커뮤니티를 통해 반한, 반한류 정서가 무절제하게 표출되고 있다. 정치, 외교 분쟁과 관련하여 이미 존재하던 한・일간 적대 감정이 심화되는 과정에서 한류 콘텐츠에 대한 비판이 심화되는 것이다.

이는 중국의 경우에도 유사하게 나타난다. 동아시아 역사와 관련된 분쟁이나 민족주의로 해석되는 문화적 마찰이 나타나는 것이다. 예를 들어 2006년 한국에서 스크린 쿼터를 축소하는 안에 대해 대대적인 반대 운동이 일어나자 중국 내에서 한국 영화인들의 경쟁의식 부족을 비판하는 여론이 일어났다. 당시 중국인들은 한국이 자국 문화를 지나치게 보호하여 타 문화 수입에 적극적이지 않고 3대 메이저 방송국에 의해 방송 시장이 결정되는 등 구조적인 폐쇄성이 있다는 것이다. 이런 비판의 배면에는 한국인이 중국인의 문화유산이라고 주장되던 공자 한국인설을 제기하고 단오절을 한국 전통 명절로 유네스코 문화유산에 등재하였다든가 인터넷의 누리꾼들이 집단적으로

12) 앞의 글, pp. 334-335.

쓰촨 지진을 보고 즐거워했다는 민족주의가 깔려 있다.

태국의 경우는 한류 열풍이 심화되는 과정에서 문화적 자존감이 약간의 반감으로 표출되는 기운이 감지되거나 한류 현상의 지속에 대한 의문 정도가 나타날 뿐 큰 반발은 눈에 띄지 않는다. 이는 인도네시아에서도 마찬가지로 나타나서, 한국 대중문화에 대한 관심이 급증하면서 연예계 관련 스캔들을 포함한 사회적 이슈에 대한 관심도 증가하고 있다. 일방적인 한류 수용에 대한 우려도 보인다. 또 싱가포르도 원래 외국문화를 활발하게 수용하는 국가로 한류 콘텐츠를 빨리 수용해서 나타나는 문제를 우려하고 있다.

즉 결론적으로 큰 반발은 없으나 한국이 자국 산업을 지나치게 보호하는 정책과 태도, 문화상품을 수출할 때와 수입할 때의 관점과 태도가 모순되는 것, 그리고 자국문화에 대한 우월의식과 자부심을 직접적으로 표출하는 것 등을 매우 비판적으로 보고 있는 상황이다.

때문에 한국은 국가 차원의 공격적인 한류 정책을 지양하고 쌍방향 교류를 활성화해야 할 것이다. 그리고 한류의 성과를 계속 경제적인 면에 국한시킬 것이 아니라 국가 이미지 개선에 연계하여 한국 문화상품 선호를 한국이라는 국가에 대한 호감으로 연결시켜야 한다는 필요성이 대두될 수밖에 없게 된다.[13)]

2010년 현재에는 반한류 경향도 어느 정도 극복되고 한류의 일상화가 나타나고 있음을 보게 된다. 일본의 한류 팬들의 한류 콘텐츠 소비는 상당히 안정적인 모습을 보이고 있다. 아직 남성(61%)보다는 여성(80%)이 더 많이 한류를 경험하고 있으며 50-60대의 비율이 아직도 높지만 10-20대의 비율도 상당 수준 높아진 것으로 보인다.

---

13) 한국문화관광정책연구원, 『반한류 현황 분석 및 대응 방안 연구』, 2009.11의 전체적인 부분을 개괄하였다.

원래 스타 중심으로 구성되던 드라마의 선호도가 이야기 중심으로 바뀐 것도 눈에 뜨인다.[14]

2. 문화, 경제, 정치의 융합과 한류

이처럼 대중문화로부터 시작된 한류 바람은 문화콘텐츠 수출로 인한 경제효과 창출, 나아가 한국 이미지 개선 등의 정치외교적 효과로까지 확산되고 있다. 최근 프랑스, 독일 등 유럽에서 한국학과 한국어 배우기 바람이 일고 있다. 한국학열풍이 아시아를 진원지로 이제 유럽에까지 불고 있는 것이다.

외국인 유학생들에게 한국에 온 이유를 물으면 한국의 영화나 드라마에 반해서라거나 한국회사에 취직하고 싶어서라고 대답한다. 문화와 경제 교류 그리고 한국이라는 브랜드가 한국어와 긴밀하게 맞물려 있음을 증명하는 현상이다.

정치, 경제, 문화의 상호교섭 현상은 디지털 시대 예술의 상품화와 밀접히 관련된다. 21세기는 자본주의가 의식산업에까지 침투하여 정보가 이윤을 낳는 상품이 되고 있다. 여기에 상품의 사용가치나 교환가치보다 기호가치가 강조되면서 상품의 미학성이 강조된다. 즉 제품의 기술력이나 사용의 편리함보다는 그 제품의 디자인, 그 사용이 소비자에게 주는 감성적인 만족도가 훨씬 중요하게 된 것이다.

이처럼 상품의 예술화가 진행되어 상품의 생산과 소비가 예술의

14) 한국콘텐츠진흥원, 주식회사 안다물, 「2010 한류팬 수요조사 결과보고서」, 2010. 7, pp. 2-8.

창작 및 향유의 방식과 닮아가기 때문에 경제가 문화와 만나게 되고 국가 이미지가 경제력과 상관관계를 맺게 된다. 한국문화의 대표선수인 한국어, 한글이 한국의 브랜드 가치를 향상시키는 원인도 여기서 나오는 것이다.

광화문에 세종대왕 동상이 세워졌다. 그 조형미나 운용 방식에 대한 비판을 논외로 한다면 일단 잘한 일이다. 이순신 장군이 민족 수호라는 내셔널리즘의 이데올로기를 반영한다면 정치 일번지의 세종대왕은 문화가 국가의 정치와 경제를 좌우하는 현 시대를 상징한다.

세계의 6천 개의 언어 중에서 사용문자가 30개인 지금 문화민족으로서의 한국의 위상을 만방에 떨칠 수 있는 한글의 창제자가 국토의 중심부에 상징처럼 버티고 있다. 삼성, 현대가 한국 드라마의 가치를 올리고 한국 드라마의 스타가 한국 핸드폰의 판매고를 높이고 있다. 그리고 발달된 경제력은 외국인으로 하여금 한글을 배우게 하고 다시 한글의 이미지는 상품의 경쟁력을 높인다. 이제 우리는 이 시너지 효과를 십분 활용해야 할 때가 왔다.

한국이 이미지가 없는 나라라는 기 소르망의 비판을 시인하고 최근 한국은 자신의 이미지를 세계에 알리려는 문화정책을 펴왔으나 외교, 경제활동, 문화활동이 서로 유기적 연관관계를 지니지 않아 충분한 효과를 얻지 못하고 있는 형편이다.

이제 한국은 문화-산업-외교 네트워크를 제도적으로 가동할 때가 왔다. 그 방법으로 세계 여러 국가에 재외 문화포스트의 설치를 제안한다. 물론 현재 미국, 중국, 일본, 영국, 베트남 등지에 코리아센터를 위시하여 각국 대사관과 연계된 한국문화원이 설치되어 있기는 하다. 그러나 이런 문화원에서는 주로 한국 전통문화나 영상문화 정도가 소개되고 있을 뿐이다.

그런데 문제는 이런 문화의 소개가 역동적으로 변모하며 극적으로 융합되고 있는 최근 한국의 이미지를 총체적으로 보여주고 있지 못한다는 점이다. 외국인들은 한국에 대해 알고 싶어 한다. 그러나 그들이 아는 한국은 문화, 경제, 정치로 분리되어 있지 않다.

재외문화 포스트에는 전일제 직원 한두 명 외에 외교 분야에서 대사관, 영사관 직원, 현지 상공 회의소(산업, 무역 분야) 직원, 현지 문화원(문화예술 분야) 직원을 포함하는 조직으로 구성되어야 할 것이다. 여기에 현지 교포들과 유학생들을 적극 활용한다.

이 기관의 주요 임무는 문화산업과 자동차, 전자제품 등 일반 산업의 해외진출에 관한 업무, 해외 현지 문화의 분석, 산업 정보와 자료 수집, 한국의 이미지 제고에 관련된 협조와 공동 기획 등이 있을 것이다.

그리고 한글, 드라마, 자동차, 핸드폰, 태극기를 같은 공간에 진열해놓자. 현지인들은 한국 드라마 배우의 한국어 발음에 매료되면서 한국의 상품들을 새로운 눈으로 바라보게 될 것이다.[15)]

---

15) 최혜실, 「한국 브랜드 홍보 네트워크 구축을」, 『동아일보』, 2009.11.3.

제 2 장

동북아 예술 교류 현황

1. 문학 교류 현황과 문제점 제시
2. 공연 예술의 교류 현황
3. 시각예술 분야의 교류 현황
4. 장르별 현황 비교 및 문제점 해결 방안 제시

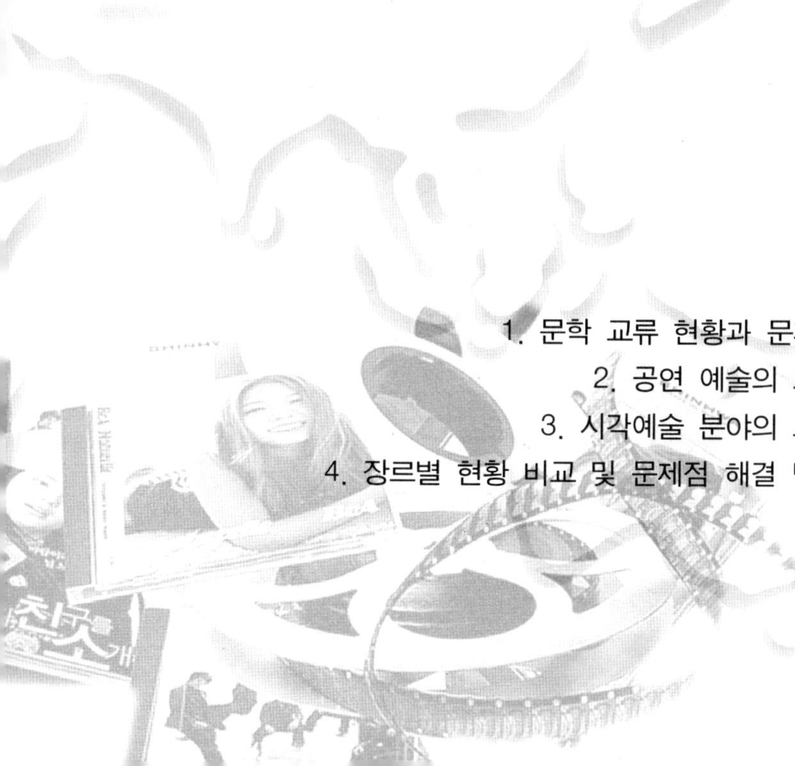

제 2 장 동북아 예술 교류 현황

1. 문학 교류 현황과 문제점 제시

1) 한국문학의 국내 현황

최근 책 판매량 중 해외 베스트셀러에 대한 판매가 증가 추세에 있다. 시 분야는 국내 시가 압도적인 양을 차지하고 있지만 소설 분야는 번역물이 강세를 보이고 있다. 〈표 1〉은 매년 3월을 기준으로 국내 대형 서점 및 대형 인터넷 서점의 판매량 집계 결과이다. 베스트셀러 상위권에 한국 작품보다 해외 작품의 비중이 높음을 알 수 있다.

<표 1> 최근 3년간 국내 베스트셀러 10위권 소설 중 해외 소설 작품 수[1)]

(단위: 종)

서 점	베스트셀러 10위권 해외 소설 수(매년 3월 1주차 기준)		
	2005	2006	2007
교보문고	6	6	7
영풍문고	6	7	7
알라딘	7	8	7
리브로	8	8	6
YES24	7	8	5

그리고 흥행 영화의 원작이 되는 소설들이 집중적으로 소비되는 경향을 보이고 있는데 대표적인 예로 댄 브라운의 〈다빈치 코드〉, 파트리크 쥐스킨트의 〈향수〉를 들 수 있다. 특히 일본 작가의 작품은 한국 독자들에게 큰 사랑을 받고 있어 나쓰메 소세키와 무라카미 하루키는 이미 오래전부터 국내에 수많은 팬을 확보하고 있다. 카타야마 쿄이치의 〈세상의 중심에서 사랑을 외치다〉와 에쿠니 가오리의 〈도쿄타워〉는 영화로 제작된 이후 국내 독자들의 지속적인 관심을 받고 있다.

한국 작품의 경우도 공지영의 〈우리들의 행복한 시간〉이 영화로 제작되면서 작가의 인기를 더해주고 있다. 영화로 제작된 바 없는 김별아의 〈미실〉과 같은 경우 2005년 베스트셀러가 되기는 했지만 이는 세계문학상 수상에 힘입은 바 크다. 이처럼 국내 작품은 전반적으로 수상집 위주로 판매량이 확보되어 있을 뿐, 전체적인 소비는 줄고 있는 실정이다.

국내 작품의 해외 진출을 살펴볼 것 같으면 국내의 경우 일본문학이 대다수를 차지하고 있는 것에 비해 일본이나 중국 진출은 매우 부진하다. 현재 한국문학의 해외 번역 현황을 살펴보면 〈표 2〉과 같다.

일본어와 중국어로 번역된 책이 1위, 3위를 차지하고 있으며 현대문학 번역이 78%와 89%로 집계되고 있다. 작품편수 상위 국가는 순서대로 영어, 일본어, 불어, 독어, 스페인어, 러시아어, 중국어, 체코어 순으로 나타나며 작품 편수 비율을 따져 보면 일본어 15%, 중국어 3.5%의 비율을 보인다. 일본어 번역본이 중국어보다 약 5배가량

1) 교보문고, 영풍문고, 알라딘, 리브로, YES24 인터넷 홈페이지 자료 재구성.

<표 2> 한국문학 주요 언어권 번역출판 통계(~2003)[2]

언 어	종	편	현대	고전	혼합 및 기타	시	소설	혼합	희곡	기타 (연속 간행물, 미확인 포함)
			%							
일본어	571	9,031	445	104	22	81	326	22	12	22
			78	18	4					
영 어	399	16,099	284	95	20	178	155	212	5	39
			71	24	5					
중국어	254		255	28	1	39	147	1	34	33
			89	11	0					
불 어	156	2,332	136	19	1	45	76	1		7
			87	12	1					
독 어	149	2,119	86	32	30					
			58	22	10					
러시아어	139	3,245	70	68	1	30	53	4	3	47
			50	49	1					
체코어	44	808	79	18	15					
			43	41	16					
스페인어	42	2,100	37	2	3	24	14			4
			88	5	7					
총	1,183		857	262	71					
			72	22	6					

많은 것으로 나타난다.

이런 편중된 번역은 현재 한국에서 일본문학이 석권하는 현상과 맞물려 일본과의 교류는 어느 정도 상호적으로 진행되고 있으나 중국과의 문학 교류가 거의 없음이 문제적으로 드러난다. 특히 전체 50%가 영문 번역본인 것을 미루어 볼 때 동북아 문학 교류는 상당히 침체되어 있는 것으로 볼 수 있다.

---

2) 한국문학번역원(2006), 『일본의 번역출판사업 연구』, p. 127 자료 인용.

또 번역 원작자의 편중 현상도 심하다. 통계에 의하면 10종 이상 번역·출판된 작가는 모두 29명, 이 중 20종 이상 번역된 작가는 이문열, 조정래, 고은, 황석영 등 11명이며 시인 또한 고은, 김지하 등 9명으로 특정 문학가에 편중되어 있다. 그나마 이런 작가들도 20여 건 안팎으로, 일본의 카와바타 야스나리 133종, 오오에 켄자부로 150종이 한국에 번역된 것과 극명한 대조를 이룬다. 이처럼 특정 작가에 편중된 번역과 한일 간 번역 격차는 현재 한일 문화 교류에 있어 중요한 문제로 남게 된다.

2) 동북아 문학 교류 현황

한중일 문학 번역·출판·교류 현황은 참으로 미미하다. 물론 그 중 가장 큰 원인은 한국이 항상 노벨문학상 수상 가능성을 염두에 두고 작품을 번역하는 데 있다. 80년 이후 영어, 불어, 독어, 스페인어 등 4개어 권에 65%가 번역되었고 특히 현대문학은 89.2%가 이 지역에 집중되어 있다.[3] 그러나 1980년 이후 일본 측의 상업적 관심에 의해 자연발생적으로 87건이 출판되었고 중국 또한 85년 이후 28건이 출간, 한국에 대한 관심을 보여주고 있다.

<표 3> 한국문학작품의 연대별 · 국가별 출판현황[4] (단위: 종)

연도 / 국가	~1949	50~59	60~69	70~79	80~89	90~99	2000~
일 본	1	1	1	10	38	33	5
중 국		1			12	17	1

3) 한국문화관광정책연구원(2004), 『동북아 시대 예술교류 활성화 방안 연구』 4, p. 84.
4) 대산문화재단 홈페이지 자료 재구성, 2007.1.18. 검색.

현재 활동하고 있는 각국의 작가들을 중심으로 세미나, 심포지엄, 답사 등을 통해 활발하게 교류가 일어나고 있기는 하다. 그러나 번역과 마찬가지로 주로 영미권, 유럽권, 중남미권의 교류가 훨씬 활발해서 지리적으로 가까운 삼국의 교류가 거의 없다시피 한 상황이다.

최근 몇 가지 행사가 시행되고 있는데 한국문인협회 주관하에 진행되는 '해외문학 심포지엄'과 '한민족문학인 서울대회', 2004년에 정지용기념사업회에서 주최한 '한일 문학의 교류와 발자취'가 대표적이다.[5] 그리고 한국문학번역원과 대산문화재단, 일본 국제교류기금, 서울문화센터 등을 중심으로 번역지원사업과 기반조성사업 등이 진행되고 있다. 또 윤동주 한중일 국제문학 심포지엄 등은 작가의 특수성을 활용하여 한중일 문화 교류를 이룬 점에서 의미가 있다 하겠다.

2. 공연 예술의 교류 현황

1) 전통음악 분야

한일 간 전통음악 교류는 주로 공연행사 위주로 이루어지고 있다. 일본 전통음악은 이미 세계화를 이루고 있으며 한국에서도 활발하게 소개되고 있는 편이다. 그러나 이 때문에 종종 한국 전통음악이 일본의 것으로 오인받는 사례도 있다. 예를 들어 호주의 인터넷 사이트에서 '아리랑'이 일본 게이샤의 전통음악으로 소개된 사례가 있었다.

5) 매일신문, 「한일문학 상생의 길을 찾는다」, 1994.12.6.

그러나 한중 간 전통음악 교류는 상당히 소원한 편이다. 역사적으로 한국의 전통 악기는 중국으로부터 건너온 것이 상당수임에도 불구하고 현대에 이르러 이렇게 소원한 것은 문제라 할 수 있다. 사실 중국 당악은 중국에 비해 한국에 고증 자료가 많이 남아 있기에 연구의 차원에서도 교류는 진행되어야 할 것이다.

2) 연극 분야의 교류 현황

공연 교류에 있어 가장 중추적인 역할을 하는 것은 연극이라 할 수 있다. 특히 해외 극단의 국내 공연은 1991년 '연극의 해'를 시점으로 꾸준히 증가하였으며 최근에는 공연 건수가 100여 건을 상회하고 있다.

<표 4> 연도별 해외단체 국내 공연 현황(1996~2005)[6)]

연 도	1996	1997	1998	1999	2000	2001	2002	2003	2004	2005
공연건수	29	107	79	142	130	85	133	121	133	177

<표 5> 연도별 국내극단의 해외 공연 현황(1996~2005)[7)]

연 도	1996	1997	1998	1999	2000	2001	2002	2003	2004	2005
공연건수	10	30	24	21	40	44	79	36	46	79

국내 극단의 해외 공연의 경우 주로 정제보나는 교류를 목적으로 하는 사례가 증가하고 있다. 특히 연출 부문의 교류에 있어 합작의

6) 김혁수(2006), 「2005년도 연극분야 현황분석」, 『2006 문예연감』, 한국문화예술위원회, 원문의 〈표 16〉 인용.
7) 위의 글, 원문의 〈표 15〉 인용.

사례가 크게 늘고 있다. 예를 들어 2005년 일본, 중국 지역의 공연 및 합작 사례로 〈강 건너 저편에〉(이병훈·히라타 오리자 공동 연출), 〈침묵의 해협〉(시나가와 요시마사·박장렬 공동 연출), 〈트로이의 여인들〉(양정웅·미야기 사토시 공동 연출) 등이 있다. 중국은 현대극의 경우에도 전통극의 권선징악적 구도를 지니고 있는데 2006년 국내 무대에 오른 원대의 잡극 〈趙氏孤兒〉가 그 대표적인 예이다.[8)]

3) 무용 분야의 교류 현황

무용의 경우 국제 행사를 통한 내한 공연 및 해외 방문 공연을 통해 공연 횟수가 크게 증가하고 있는 추세이다. 2005년에 내한한 무용가 및 무용단이 69건, 99회 공연으로 2004년에 비해 비약적인 발전

〈표 6〉 국내무용단 해외 공연 국가별 현황[9)]

구 분	공연건수	
	2004년	2005년
동남아	13	10
미국·남미	13	25
러시아·중동	3	3
일 본	10	25
캐나다	2	1
유 럽	11	18
중 국	8	8
호 주	2	–
아프리카	–	1
계	62	91

8) 현윤경(2006), 「중 걸작 연극 한국 무대 첫 선」, 연합뉴스, 8.26.

9) 박성혜(2006), 「통계로 본 2005년 무용계」, 『2006 문예연감』, 한국문화예술

이라 할 수 있다. 〈국제현대무용제〉, 〈서울국제공연예술제〉, 〈서울세계무용축제〉 등의 국제 행사 등으로 무용 교류는 활발한 편이다. 2005년 일본의 전통 무용인 가부키 〈소네자키 신주〉와 〈보시비리〉가 소개되기도 했다. 〈표 6〉은 국내 무용단 해외공연의 국가별 현황이다.

일본 공연에서 뚜렷한 성장세를 보이고 있으며 매년 증가하고 있는 추세이다. 2005년의 경우 한국국제교류재단과 일본국제교류기금, 국립극장, 국제무용협회 한국본부가 '한일 우정의 해'를 기념하여 '현대무용 페스티벌'을 국립극장에서 진행한 바 있다.

3. 시각예술 분야의 교류 현황

국내 미술의 해외 전시 국가별 분포를 살펴보면, 일본과 중국이 차지하는 비율이 각각 21.47%와 17.8%로 미국에 이어 2, 3위를 차지하고 있다. 2004년 미국, 일본, 프랑스의 순서에서 미국, 일본, 중국

〈표 7〉 국내미술 해외전시 국가별 분포[10)]

미국	일본	중국	프랑스	독일	이탈리아	캐나다	러시아	스위스
50	41	34	21	18	7	4	3	3
26.18%	21.47%	17.8%	10.99%	9.42%	3.66%	2.09%	1.57%	1.57%
필리핀	**터키**	**뉴질랜드**	**아르헨티나**	**호주**	**덴마크**	**코스타리카**	**영국**	**총계**
2	2	1	1	1	1	1	1	191
1.04%	1.04%	0.50%	0.50%	0.50%	0.50%	0.50%	0.50%	100%

위원회, 원문의 〈표 6〉 인용.

10) 이선영(2006), 「2005년도 미술전시회의 경향」, 『2006 문예연감』, 한국문화예술

으로 순위가 바뀐 것이다. 국내에서 이루어진 외국 전시와 한국작가가 해외로 나가 개최한 비율은 거의 비슷하다.

또 최근 지역적 특색을 살린 비엔날레가 성공적으로 개최되고 있음에 눈을 돌려야 할 것이다. 서울의 '코리아 아트 페스티벌', 경기도 '세계 도자 비엔날레', 전라도의 '세계 전북 비엔날레', 충청도의 '청주 국제 공예비엔날레'가 그 예이다.

이런 행사의 규모를 늘리는 한편 연륜을 쌓아가며 세계적인 전시 축제로 도약할 발판을 만들어야 할 것이다.

〈표 8〉 2005년 각 지역 대표 행사 내역

지 역	행사 내역	장 소
서 울	코리아 아트 페스티벌	세종문화회관
경기도	제3회 세계도자비엔날레	이천 세계도자센터/ 광주조선요박물관
경상도	한국 현대미술 속에서 대구경북 미술의 위상전	영천 시안미술관
전라도	제2회 세계 전북 비엔날레	한국소리문화의 전당
강원도	아트페어	치악미술관
제주도	제주 미술제—'섬', '희노애락'	
	변시지 화백 작품전	서귀포 기당 미술관
충청도	청주 국제 공예비엔날레	

출처: 각 지역 공연장 소장 자료 재구성.

위원회, 원문의 〈표 3〉 재구성.

4. 장르별 현황 비교 및 문제점 해결 방안 제시

1) 장르별 교류 현황 비교 분석

전반적으로 시각예술, 공연예술, 문학의 순으로 한중일 교류가 활발한 것으로 나타나고 있다. 시각예술의 경우 국제비엔날레가 활발하게 열려서 한국・중국・일본 예술가들의 교류가 비교적 고르게 나타나고 있다. 또 해외전시도 활발하여 일본, 중국 교류가 각각 1, 2위로 나타나고 있다.

공연예술의 경우 장르 간의 편차가 있기는 하다. 전통음악의 경우, 중국이 한국과 일본의 음악 형성에 큰 영향을 미치고 있음에도 불구하고 교류가 소원한 편이다. 반면 연극은 국내 연극단의 해외공연과 해외연극단의 국내 공연이 큰 불균형 없이 이루어지고 있으면서도 한국・중국・일본의 합작공연들이 나타나 긍정적인 양상을 보이고 있다. 무용 또한 국제무용제가 국내에 개최되어 교류가 활발하게 나타남과 동시에 국내 무용가들의 일본, 중국 공연도 증가 추세에 있다.

반면 문학은 심각하다. 한국 베스트셀러 시장을 일본이 독점하다시피 하고 있다. 물론 한국문학의 일본어 번역도 전체 한국문학 번역 가운데 1위를 차지하고 있어 어느 정도 상호적이라 할 수 있으나 중국과의 교류는 거의 없다고 할 수 있다. 한국문학 번역은 참으로 의도적이다. 시장 논리에 의해 외국 출판사가 자국의 독자들에게 호응이 큰 작품을 번역하는 것이 아니라 한국 쪽에서 노벨상 등을 염두에 두고 정책적으로 번역하는 것이 많기 때문에 상대적으로 노벨상과 관계가 없는 일본, 중국 독자와의 교류가 잘 이루어지지 않는 것이다.

2) 장르별 문제점 해결 방안

(1) 문학 분야의 일류(日流) 현상 분석 및 문제점 해결

한국문학의 세계화가 이루어지지 못하고 있는 가장 큰 이유는 일단 한국어가 세계화하지 못하였기 때문이다. 이 부분은 어느 누구도 부인할 수 없는 진실이다. 예를 하나만 들어보자.

> You have gone. Ah my love you have gone.
> Shattering the green brilliance of the mountain, hard as it might be, cut off all ties, gone along the narrow path that opens out to the maple glove.[11)]

'당신은 갔습니다, 오 내 사랑 당신은 갔습니다'로 시작되는 이 시가 한용운의 〈님의 침묵〉의 '아 님은 갔습니다'의 시구절의 영역이라는 사실을 깨닫는 데는 상당히 오랜 시간이 걸린다. 그리고 번역이라는 사실을 이성적으로 깨닫더라도 감성적으로 동일한 시구라고 여겨지지 않는다. 번역의 어려움은 여기에 있다. 한국어 특유의 글맛은 번역과 동시에 사라져버린다. 영역된 시구를 다시 한국어로 번역해보라. 전혀 다른 글이 된다는 사실을 깨달을 것이다.

한류가 국가적 차원에서 노벨상 받기 전략을 내세우는 데에도 불구하고 대중문화에서 시작한 이유는 사실 여기에 있다. 즉 문자예술이 아닌 '저급한' 대중문화인 영상예술에서 시작한 것이다. 영상언어

---

11) 김윤식(1998), Sammy E. Solberg 번역, *UNDERSTANDING KOREAN MODERN LITERATURE*, 집문당, p. 63.

는 국제적인 언어이다. 세상의 모든 사람들은 울 때의 모습이 같고 웃을 때의 모습이 같다. 만인 공유의 영상언어에는 국경이 없기에 당연히 세계인들이 거부반응이나 낯선 느낌 없이 받아들일 수 있다. 여기에 미디어의 발달로 각국의 문화에 익숙하며 특히 피부색이 같고 한자 등의 여러 문화적 요소들을 공유하는 동아시아 지역에서 한류 붐이 일어나는 것은 당연하다.

그런데 이제 한류 붐이 서서히 문학으로 가야 할 시점에서 오히려 역한류가 일어나고 있는 것이다. 즉 한국, 중국, 일본이 문학적 교류가 일어나는 이 시점에서 일본문학이 한국문학 시장을 독점하고 있는 이유는 무엇일까?

첫째, 독자의 무지와 천박함에 원인을 돌리는 경우이다. 작년 원로 비평가 유종호 씨가 무라카미 하루키의 〈노르웨이의 숲〉을 '성적 일탈자와 괴짜들의 교제 과정에서 드러나는 특이한 음담패설집'이라고 혹독하게 비판하면서 최근 독자들이 가벼운 작품을 선호하는 현상에 대해 우려를 드러낸 적이 있다.12) 짧고 감각적인 문체가 자칫 쉽게 느껴질 뿐 무라카미의 소설에 나타난 인간 존재의 문제는 결코 가볍게 볼 수 없는 부분이 많다.

둘째, 글로벌리즘, 혹은 보편성 결여의 문제이다. 이는 무라카미 하루키의 강점이기도 하다. 그는 늘 해외에서 작품 집필을 하며 영어를 자유롭게 구사하면서 세계 각국의 작가, 언론과 소통하며 자신의 작품세계를 알리고 있다. 지금 국내에서 해외에 어느 정도 조명을 받고 있는 작가는 고은, 황석영, 이문열 씨인데 이들의 공통점은 보편성이다. 고은 시인은 독재정권에 항거하였으면서도 선불교적 사상의

12) 유종호(2006), 「무라카미 현상을 놓고서」, 『현대문학』 6월호, 동아일보, 2006. 5.25일자 기사.

종교적 측면을 지니고 있고, 황석영 작가는 분단문제를 다루되 인류 보편의 문제로 승격시켰다. 이문열 작가 또한 상당히 보편적인 작품 성향을 보이고 있다.[13] 즉 이미 보편성을 다루는 문학에 심취해 있는 상황에서 한국전쟁 등을 그 시대의 특수성에 입각해서 쓸 경우 해외 독자는 물론 현재 한국 독자의 감수성에도 호소하지 못하게 된다.

셋째, 서사성의 결여 문제이다. 인간의 좁은 내면에만 천착해 들어가거나 독자와의 소통의 노력 없이 자신의 주장만 강한 소설을 독자는 당연히 외면하게 된다. 여기에 단편 중심으로 등단시키는 한국의 신춘문예 제도가 모든 작가로 하여금 단편적인 이야기에만 치중하게 만든다. 즉 현재 한국문학의 일류(日流)바람은 한국문학이 자초한 것이므로 문학의 체질개선부터 시작해야 한다고 본다.

(2) 공연 예술의 단순 교류 현상 분석 및 문제점 해결

공연 예술 분야는 대체로 상호교류가 균형이 잡혀 있다. 음악이나 몸짓 등의 만국공통어가 주로 표현 요소로 활용되어서 서로에 대한 거리 없이 감상될 수 있기 때문으로 보인다. 중국, 한국, 일본이 전통적으로 공동의 악기 문화를 소유하고 있기 때문에 서로의 전통 음악을 비교하며 문화적 공감대를 가지는 효과가 있다. 그러나 문제는 전통 악기 중심으로 교류되기 때문에 대중적인 지지가 약하고 학술적 교류 이상의 수준을 넘어서지 못하고 있다는 것이다. 공동으로 자국의 전통음악을 세계화하는 프로젝트 등을 시도하여야 할 시점이다.

연극의 경우 교류를 목적으로 하는 해외 공연이 많고 흥행을 목적

---

13) 문화일보사(2006), 「김성곤 하버드대 객원교수 e메일 인터뷰」, 10.18.

으로 하는 한국·중국·일본의 교류는 많이 부진한 편이다. 삼국의 합작 프로젝트 등을 통해 흥행성 있는 연극의 교류가 절실한 시점이다. 무용의 경우도 연극처럼 교류를 목적으로 하는 경우가 많아 적극적인 대책 마련에 고심해야 할 것으로 보인다.

(3) 시각예술의 회화중심 교류 분석 및 문제점 해결

한국, 중국, 일본의 시각예술 교류는 다른 분야에 비해 매우 부진

<표 9> 2005 전시통계[14]

구분	서울	경상	경기	전라	충청	강원	제주	외국	해외	합계	백분율(%)
회화	1,747	524	300	290	204	31	48	68	79	3,291	36.37
조각	181	48	33	29	25	5	3	10	12	346	3.82
회화, 조각	29	10	8	10	6	4	1	6	0	74	0.82
한국화	385	115	61	76	46	8	16	0	20	727	8.03
서예	130	51	19	54	22	6	15	0	3	300	3.32
디자인	154	45	22	26	16	4	4	13	1	285	3.15
공예	45	136	81	92	53	6	13	20	6	858	9.48
설치	384	64	83	46	27	4	7	14	20	649	7.17
영상	17	3	3	7	3	0	0	2	0	35	0.39
영상, 설치	74	16	18	12	7	1	1	8	5	142	1.57
유물	26	29	15	13	9	4	4	7	1	108	1.19
종합	766	252	163	158	94	38	46	47	34	1,598	17.66
사진	239	109	51	84	50	22	28	43	10	636	7.03
합계	4,583	1,402	857	897	562	133	186	238	191	9,049	100
백분율(%)	50.64	15.49	3.47	9.91	6.21	1.47	2.08	2.63	2.10	100	
2004 참고	4,075	1,224	684	545	328	143	138	156	190	7,413	
2004 백분율(%)	54.96	16.78	9.23	7.35	4.42	1.93	1.86	2.10	1.36	100	

14) 이선영(2006), 앞의 글, 원문의 〈표 1〉 재구성.

한 형편이다. 더구나 그중에서도 설치, 영상 부분은 전체 장르 통계의 10%에도 미치지 못하고 있는 실정이며 외국작품의 국내 전시나 국내작품의 해외전시에서도 회화의 비중이 매우 높은 것으로 나타나고 있다.

시각예술의 다른 분야에도 눈을 돌리면서 단순 전시 교류가 아닌, 서로의 시각예술적 경향에 대해 심도 깊은 논의를 나누는 학술제 등을 병행하면서 삼국의 문화예술 교류에 힘써야 할 것이다.[15]

---

15) 최혜실, 「동북아 문화예술 교류의 현황 연구」, 『동북아문화연구』 13호, 2007.12.31, pp. 63-78.

제 3 장

동북아 문화산업 교류 현황

1. 영화 교류 현황과 문제점 제시
2. TV 드라마의 교류 현황과 문제점 제시
3. 문화산업 교류의 문제점 제기 및 해결책
4. 문화산업 수출에서 지속적인 문화 교류로

제 3 장 동북아 문화산업 교류 현황

1. 영화 교류 현황과 문제점 제시

1) 한국 영화의 성장과 글로벌 콘텐츠로의 가능성

본 장에서는 한국 영화의 연도별 수출 실적을 통해 성장 과정과 추세를 살펴보려고 한다.

<표 10> **한국 영화 연도별 · 국가별 수출실적[1]** (단위: $)

	1999	2000	2001	2002	2003	2004	2004 수출비중
일 본	2,844,586	5,279,395	5,758,065	6,582,103	13,893,000	40,401,000	69.3%
미 국	303,190	13,000	1,217,000	862,000	4,486,000	2,361,000	4.0%
프랑스	136,000	610,000	546,354	732,415	709,000	2,084,000	3.6%
태 국	1,300	22,000	254,000	823,217	1,448,500	1,771,500	3.0%
독 일	374,390	255,000	485,000	461,770	1,908,500	1,558,000	2.7%
대 만	572,600	35,000	132,000	179,254	906,500	1,069,000	1.8%
기 타 아시아	1,737,153	839,350	2,857,154	5,311,330	7,627,500	9,040,100	15.6%
합 계	5,969,219	7,053,745	11,249,573	14,952,089	30,979,000	58,284,600	100%

1) 문화관광부 문화산업국 영상산업진흥과(2005), 영상정책자료, p. 6.

전문가들은 한국 영화의 원년을 1999년으로 보고 있다. 이 시기에 수출 규모 500만 달러를 돌파했으며 2000년에는 700만 달러, 2001년에는 1,000만 달러 시대를 열었다. 또 이 시기를 기점으로 영화수출 상대국의 수도 늘었으며 한국 영화의 편당 수출가격도 큰 차이를 보인다. 예를 들어 1997년 편당 가격이 13,667달러였다면 2000년에는 182,625달러로 급등하였다.[2)]

1999년 이전 한국 영화는 일본, 중국, 인도의 영화에 비해 국제무대에서 조명을 받지 못하였다. 1961년 강대진 감독의 〈마부〉가 특별은곰상을 수상한 후 여우주연상이나 특별상 정도가 두어 번 있었을 뿐이었다. 그러나 1999년 강제규 감독의 〈쉬리〉 이후 1999년 송일곤 감독의 〈소풍〉이 제52회 칸영화제 경쟁 부문에서 심사위원상을 수상한 것을 시작으로 2002년에는 〈오아시스〉가 베니스 영화제에서 감독상, 신인여우상을, 같은 해 칸영화제에서 임권택 감독의 〈취화선〉이 최우수감독상 등을 수상하였다.

이런 한국 영화 붐 현상으로 인해 입도선매 방식의 선구매 현상까지 나타나기도 했다. 안병기 감독의 〈아파트〉는 시나리오도 나오지 않은 상황에서 판권이 판매되었으며 〈분홍신〉 역시 촬영 중에 있을 때 프랑스를 비롯해 일부 아시아 국가, 멕시코 등에 판매되었다. 봉준호 감독의 〈괴물〉, 이명세 감독의 〈형사〉도 완성되기 전부터 세계 여러 국가로부터 주문이 들어왔다. 한국 영화가 주도하는 다국적 영화 및 합작 영화도 늘어나고 있다. 〈무극〉, 〈데이지〉, 〈착신아리 파이널〉, 〈묵공〉 등이 그 예이다.

요컨대 현재 한국 영화는 글로벌 콘텐츠로 발전할 수 있는 중요한

---

2) 앞의 책, p. 5.

시기에 와 있다. 그러나 현재 한국 영화 붐을 이어나가기 위해서는 먼저 일본에 편중된 해외 시장을 다양화해야 한다. 2006년 상반기 한국 영화 수출 실적을 보면, 일본으로의 수출이 크게 감소하자(전년 대비 71.6% 감소)[3] 한국 영화 전체 수출 규모가 급감했다. 또 특정 배우나 감독에게 집중되는 투자 편중 현상에서 벗어나 새로운 인재를 발굴해 그 저변을 넓히고 다양한 소재를 개발하여 작품으로 승부해야 한다는 우려의 목소리가 일고 있다.

2) 동북아 시대 영화 교류 현황

1999년 이후의 자료를 살펴보면 일본 시장은 지금까지 한국 수출 시장의 절반 정도를 담당해 온바, 한류의 분위기 형성에 일본 시장의 존재가 결정적이었음을 알 수 있다. 이는 일본 시장에 외국 영화 점유율이 60%인 것과 대조를 이룬다. 2005년에는 한국 영화 80여 편이 일본에 개봉되었고 많은 영화가 호평을 받았다.

<표 11> 2005년도 한국 영화 일본 내 흥행 실적

순 위	영 화	흥행실적
1	내 머릿속의 지우개	30억 엔, 약 240만 명
2	외출	27.5억 엔, 약 220만 명
3	내 여자친구를 소개합니다	20억 엔, 약 160만 명
4	달콤한 인생	6.5억 엔, 약 52만 명
5	신부수업	4.2억 엔, 약 32만 명
6	말아톤	4억 엔, 약 32만 명
7	친절한 금자씨	2억 엔, 약 16만 명

3) 영화진흥위원회 2007년 통계 보고자료 참조.

그러나 2006년 상반기 한국 영화의 일본 수출은 급감했다. 당시 일본에서 개봉된 〈형사〉, 〈태풍〉, 〈연리지〉, 〈데이지〉 등의 작품이 큰 성공을 거두지 못한 때문으로 보인다. 결과적으로 수출액이 전년도 대비하여 71.8% 감소하였다.4)

반면 일본 영화의 한국 흥행 성적은 별로 좋지 않아 애니메이션을 제외하고는 큰 성공을 거두지 못하고 있다. 2004년 이후 일본의 대중문화 시장이 완전히 개방되었음에도 이런 결과가 나온 주된 이유는 일본 영화의 도입기가 한국 영화의 르네상스기와 일치하기 때문인 것으로 보인다.

이에 반해 한국과 중국의 영화 교류 현황은 미미하다. 한류의 영향에도 불구하고 한국 드라마만큼의 인기도, 영향력도 없는 형편이다. 그 이유는 첫째, 중국 정부가 '분장제' 수입 영화를 20편으로 제한하여 수익성이 큰 할리우드 영화를 주로 취급한다는 점, 둘째, 엄격한 검열 때문에 성공한 국내 영화의 개봉이 힘들다는 점, 셋째, 불법 복제판으로 인해 정상적인 수입에 지장을 받는다는 점 등을 들 수 있다.

또 한국에서 중국 영화의 입지는 그리 넓지 않다. 물론 홍콩영화의 인기는 1960년대의 무협물부터 꾸준한 편이었지만 최근에는 국제 영화제에서 명성을 얻고 있는 5, 6세대 감독의 일부 작품만 수입되고 있는 상황이다.

4) 영화진흥위원회 2007년 통계보고자료 참조.

2. TV 드라마의 교류 현황과 문제점 제시

1) 한류의 견인차로서의 한국 드라마

1990년대 중반부터 한국 드라마는 중국과 일본에서 주목을 받기 시작했다. 그전에는 애니메이션이 중심이 되었었는데 중반 이후 약진을 보이게 된다. 수출되는 방송영상 콘텐츠 중에서 드라마의 비율은 압도적이다.

그런데 방송진흥원의 '2006년 방송영상물 수출입 통계 현황 · 전망'을 보면 2006년 한 해 드라마 수출 총액은 전년도에 비해 15.5% 감소한 것으로 나타났다. 이는 1998년 이후 처음 있는 현상이나 아직 드라마 수출 규모는 여전히 크다고 볼 수 있다.

<표 12> 2004년도 지상파 방송 장르별 수출 현황[5]

장 르	2004년도 수출금액(천$)	2004년도 수출편수	장르비중
장르 합계	55,516	15,317	100%
드라마	52,999	13,008	95.5%
다큐멘터리	152	74	0.3%
애니메이션	1,529	377	2.8%
영 화	0	0	0%
교 양	53	–	0.1%
음 악	44	53	0.1%
스포츠	0	0	0%
오 락	333	565	0.6%
교 육	365	1,240	0.7%
기 타	41	–	0.1%

5) 박장순(2006), 『문화콘텐츠학 개론』, 커뮤니케이션북스, p. 17.

2) 한국 · 중국 · 일본 드라마 교류 실태

2003년 〈겨울연가〉가 일본에 방영된 이후 한국 드라마의 열풍이 불기 시작했다. 원래 일본은 한국에 비해 드라마의 선호도가 낮은 편인데도 한국 드라마는 엄청난 인기를 모았다. 이 현상에 대해서 여러 가지 원인 분석이 이루어지고 있다. 첫째, 서사 맥락의 핵심이 첫사랑 · 기억 · 출생의 비밀이라는 세 가지 코드로 이루어졌는데 그중 출생의 비밀 코드는 전 · 중 · 후반부의 분수령이 되는 횟수에 집중 분포되어 일본과 한국의 공통 정서인 혈연관계 중시의 문화를 반영하고 있다는 점이 인기요인으로 분석되고 있다.[6] 둘째, 가족의 신화가 해체된 일본 사회에서 중년 여성들의 잊혀진 꿈을 불러일으켰다는 분석도 있다.[7] 셋째, 초국가적 미디어의 흐름과 사람의 왕래에서 나타나는 문화의 혼종 현상으로 작품을 해석할 수 있다. 예를 들어 일본 여성의 시점에서 한국 드라마 주인공의 가치관과 행동에 따라 반응하며 자신의 정체성을 되돌아보는 과정을 조사한다든가[8] 작품에 나타난 주인공의 디아스포라적 정체성을 분석하는 경우가 그러하다.[9]

이런 화제와 분석 속에 〈겨울연가〉 이후 〈천국의 계단〉, 〈파리의 연인〉, 〈슬픈 연가〉 등이 연이어 방영되면서 일본에서 한국 드라마의 인기는 계속되어 왔다. 그러나 최근에는 가족중심주의라든가 과거에의 향수 자극 등이 상투성으로 지적되면서 한국 드라마의 인기는

6) 김영순(2005), 「겨울연가, 코드와 텍스트의 진실게임」, 김영순 · 박지선 외, 『겨울연가, 콘텐츠와 콘텍스트 사이』, 다홀미디어, pp. 46-50.
7) 권연수(2005), 「소비되는 욘사마, 순수와 명품 사이」, 위의 책, pp. 370-372.
8) 히라타 유키에(2005), 『한국을 소비하는 일본』, 책세상, pp. 1-170.
9) 박준규(2003), 「텔레비전 드라마 "겨울연가"와 디아스포라적 정체성」, 『한국문화인류학』, 36-1, 한국문화인류학회, pp. 219-245.

식어가고 있는 형편이다.

그런데 한국에서 일본 드라마의 인지도는 대단히 낮은 형편이다. 현재 한국에서 일본 드라마는 영화 전문 채널인 OCN, 드라마 전문 채널인 SBS 드라마플러스, MBC 드라마넷, 요리채널 등의 케이블 방송을 통해 방영되고 있으며 그나마도 낮은 시청률을 기록하고 있다. 물론 한국 내에서도 일본 드라마의 마니아층이 존재하여 UCC 동영상이나 P2P 서비스 등을 통해 보는 경우도 있다.

중국에서의 한국 드라마의 인기는 일본에 못지않게 대단하다. 그러한 가운데 2005년 10월 시나 엔터테인먼트의 여론조사 결과는 흥미롭다. 이틀 동안 4만 3천 명이 참여할 정도로 호응도가 높았던 이 조사에서 중국 누리꾼들의 연령대는 물론 20대가 가장 높았다. 20대

〈표 13〉 2005년 10월 시나 엔터테인먼트의 여론조사 결과[10)]

질문내용	결 과(퍼센트 순위)
좋아하는 한국드라마는? (복수선택)	〈대장금〉(33.83%), 〈가을동화〉(38.98%), 〈인어아가씨〉(29.67%), 〈굳세어라 금순아〉(29.35%), 〈보고 또 보고〉(24%), 〈겨울연가〉(23.33%), 〈천국의 계단〉(13.98%), 〈파리의 연인〉(13.8%) 등
가장 선호하는 드라마의 국가는?	한국(48.89%), 대륙(21.76%), 홍콩/대만(20.26%)
한류열풍을 어떻게 보는가?	나래주의(좋은 것 받아들이고 나쁜 것 버리자)(69.95%), 잘 모르겠다(24.52%), 규제하고 국산을 보자(5.53%)
한국드라마의 어느 면이 좋은가? (복수선택)	미남미녀들이 볼 만하다(57.02%), 순수한 러브스토리(55.65%), 따스한 가족 이야기(54.93%), 진실되고 자연스런 연기(43.2%), 의상 패션이 예쁘다(42.89%), 느낌이 편하고 부담 없다(40.56%), 아름다운 화면(40.16%), 이야기의 현실적 자극(39.15%), 이야기의 극적 반전(37.4%) 등
한국드라마의 어느 면이 좋지 않은가? (복수선택)	극전개가 느리다(76.23%), 이야기가 대동소이하다(48.53%), 현실과 동떨어진 느낌(31.99%), 연기자들의 연기가 너무 도식화됐다(29.19%) 등

10) 2005년 14일부터 15일까지 중국 인터넷 포털 사이트 시나 엔터테인먼트가 벌인 여론조사로 만 하루 동안 2만 6천 명이 참여하였다.(마이데일리, 2005.10.16. 기사)

가 52.64%, 30대가 25.11%, 10대 13.68%, 40−50대가 8.57%를 차지하였고 여성 66.99%, 남성 33.01%를 차지하였다. 결과를 요약하면 〈표 13〉과 같다.

3. 문화산업 교류의 문제점 제기 및 해결책

1) 드라마 설문조사에 나타나는 문제점 제기 및 해결 방안

드라마의 경우 3장의 여론조사에서 몇 가지 문제점을 발견할 수 있다. 먼저 방영된 드라마 중 〈가을동화〉의 인기가 압도적이고 그 다음으로 〈대장금〉의 인기가 높았다. 〈파리의 연인〉 등 재벌이나 외국의 풍광을 소재로 한 드라마의 인기가 떨어지는 것은 중국에서 현실감이 떨어지기 때문으로 풀이된다. 〈대장금〉의 인기는 한국의 전통 음식 문화에 접할 수 있으면서 동시에 장금이란 인물의 입지전적 삶에 대한 감동으로 해석된다. 그러나 〈가을동화〉의 압도적인 인기를 설명할 수 있는 방도가 없다. 특히 같은 남녀 간의 사랑을 그린 〈겨울연가〉의 인기가 훨씬 떨어진다는 점에 우리는 주목해야 할 것이다.

즉 설문조사에 나타난 피조사자들의 답변의 일관성 결여가 문제점으로 지적될 수 있다. 한국 드라마의 장점과 단점을 비교해 보자. 피조사자들은 미남미녀들에 대한 동경과 순수한 러브스토리에 반하고 있다. 의상이 아름답고 화면의 아름다운 풍광도 중요한 장점으로 떠오르고 있다. 그런데 문제는 단점에서도 동일한 요소가 지적되고 있다는 점이다. 현실과 동떨어져서 싫다는 것인데 미남미녀들의 순순한 러브스토리는 기본적으로 현실을 미화한 것으로 볼 수 있다. 그리고 따뜻한 가족 이야기를 그린 드라마는 극 전개가 느릴 수밖에 없다.

요약하자면 설문에 응한 피조사자들은 매우 상반된 주장을 하고 있으며 한 시청자에게 장점이 되는 것이 다른 시청자에게는 단점이 되고 있음이 설문 결과에서 분석된다. 여기서 우리는 설문조사의 한계를 지적하지 않을 수 없다. 드라마는 아무리 시청률을 의식하여 제작된다고는 하지만 기본적으로 수용자를 감동시킴으로써 생명력을 가지는 예술작품으로 분류된다.

왜 수용자가 예술 작품에 반응하는가? 그 이유는 여러 가지이지만 기본적으로 작품이 지니는 보편적인 미학 구조 때문이다. 좋은 예술작품은 수용자를 감동시킨다. 그러나 수용자는 자신이 감동하는 이유를 구체적으로 알아차리지 못한다. 예술작품의 감상은 상품을 소비하는 방식과 매우 다르다. 고도의 상징과 은유로 이루어지기 때문에 수용자들은 자기가 그 작품에 왜 감동하는지 정확하게 알지 못한다. 그냥 가슴으로 느끼고 눈물을 흘리면서 그 막연한 감동을 말하는 것이다. 모든 예술에 평론가가 존재하는 것은 이 때문이다. 평론가는 전문적인 방법론을 동원하여 감상자가 막연하게 느끼는 감동의 원인을 분석하고 논리적으로 설명한다. 이는 환자의 꿈을 분석하고 그 무의식을 파헤치는 정신과 의사의 역할과도 같다.[11]

이 때문에 작품의 성공 요인을 분석하는 데 경제학이나 사회학에서 사용하는 설문조사나 심층분석(FGI)에 전적으로 의존하는 것은 매우 위험한 일이다. 작품의 수용자는 상품의 소비자처럼 자신이 왜

---

11) 최혜실(2007), 『한류 드라마의 스토리텔링』, 새문사, pp. 30-31.

이 작품을 좋아하는지 논리적으로 설명할 수 없다. 부분적인 개인의 취향일 수 있는 것을 평론가는 어떤 보편적 흐름을 이루는 방향성을 포착하여 다각적인 접근을 한다.

2) 보편성과 특수성 조화로서의 작품 분석

〈가을동화〉가 중국에서 가장 큰 성공을 거둔 이유를 설명하는 데 설문조사는 아무런 도움이 되지 못한다. 미남미녀의 순수한 러브스토리지만 현실과 동떨어진 이야기이다. 즉 변덕스러운 시청자들에게 이 작품은 긍정적인 요소와 부정적인 요소를 동시에 지니고 있는 작품인 것이다. 이 작품의 감동적 요소의 근원을 찾기 위해서는 보다 심층적이고 문화적인 접근이 필요하다.

〈가을동화〉는 현대 한국을 배경으로 하고 있으며 다른 어떤 나라에도 일어날 수 있는 남녀 간의 사랑과 죽음을 다루고 있다. 이 평범한 러브스토리가 중국에서 선풍적인 인기를 끈 이유는 무엇일까? 아래의 시를 감상해보자.

公無渡河(님이여 그 물을 건너지 마오)
公竟渡河(님은 그예 물속으로 들어가셨네)
墮河而死(원통해라 물속에 빠져 죽은 님)
當奈公何(아아 저 님을 언제 다시 만날꼬)

〈해동역사(海東繹史)〉 권22 "악가악무조(樂歌樂舞條)"에 전해지는 이 가요는 〈구지가(龜旨歌)〉와 더불어 한국에서 가장 오래된 가요로 알려져 있다. 특히 이 가요는 중국의 것이기 때문에 한국 고유의 가요로 볼 수 없다는 강력한 반론에 직면해 있다. 〈공무도하가〉는 진나라 무제 때에 민가 정리 작업 중에 채록된 상화가(相和歌)의 하나로서 그 지리적 배경이 중국 직예성(直叡省) 내의 조선현(朝鮮懸)을 지칭하는 것이므로 당연히 중국의 시가라는 것이다.

그런데 재미있는 사실은 그 직례성 내의 조선현인들이 중국인이 아니라 고조선 이래 한국인의 잔류라는 점이다. 한국인의 감수성을 간직한 중국인이라는 점이 요즈음 초국가 시대의 디아스포라적 정체성을 연상하게 하지 않는가? 〈가을동화〉가 왜 중국에서 그렇게 인기를 끌었는가에 대한 설명이 되지 않는가? 아무튼 한국인의 감수성에 그리도 맞아떨어졌기에 그 많은 상화가 중에서 유독 〈공무도하가〉만이 〈해동역사〉, 〈청구시초(靑丘詩抄)〉, 〈대동시선(大同詩選)〉 등 수많은 한국 문헌에 기재되고 연암 박지원 등의 선인들에게 지속적인 관심을 받았던 것이다. 다른 상화가들이 굳이 한국의 것이라고 주장되지 않는 점에 비추어볼 때 이 노래의 특수성을 짐작해볼 수 있다.

정병욱에 의하면 이 노래는 우리 시가에 '물'이 등장하는 최초의 노래이면서 노래의 중심 소재인 물을 중심으로 하여 임의 죽음이라는 이미지가 형성되고 있다고 한다. '공무도하(公無渡河)'는 사랑하는 남편이 끝없는 명상과 추억을 안고 충만한 깊이 속으로 뛰어들려는 순간이며 이때 충만한 깊이, 즉 물은 남편으로 표현된 사랑을 의미한다.[12)]

'公竟渡河(님은 그예 물속으로 들어가셨네)'에서 물은 사랑의 종언과 동시에 임의 부재를 의미하며 물은 충만한 깊이로서 남편의 환상을 영원히 간직하고 있으며 사랑의 추억이 깃든 곳으로 변모한다.

---

12) 김학성 · 권두환(1992), 『고전시가론』, 새문사, pp. 76-79.
장덕순 외(1993), 『한국문학사의 쟁점』, 집문당, pp. 91-97.

'墮河而死(원통해라 물 속에 빠져 죽은 님)'에서 물은 죽음의 의미로 확대되어 사랑과 죽음을 한꺼번에 내포하는 이미지로 나타난다. 이 이미지를 바꾸어 말하면 사랑과 죽음은 언제든지 바꿀 수 있는 존재이다. 사랑은 죽음까지도 극복할 수 있으며 죽음까지도 초월할 수 있는 것으로 강화된다.

'當奈公何(아아 저 님을 언제 다시 만날꼬)'는 감탄과 애상과 체관(諦觀)과 회의가 한데 엉긴 표현으로 〈청산별곡〉, 〈가시리〉, 황진이의 시조, 김소월의 〈진달래〉, 한용운의 〈님의 침묵〉 등 한국문학에서 면면히 내려오는 사랑과 이별의 주제이다. 임은 갔다. 다시 볼 수는 없겠지만 나는 임을 기다린다. 죽음도 우리를 갈라놓을 수는 없다는 한국의 사랑과 이별의 정서가 한국 시가 사상 가장 처음에 나왔을 때 물의 이미지를 바탕으로 했다는 점은 우리에게 시사하는 바가 크다.

'공무도하(公無渡河)'의 '無'는 떠나는 임에 대해 남아 있어 달라고 간청하는 애절한 호소이다. 아니 죽음이 결코 우리를 갈라놓을 수 없다고 단호하게 도리질하는 백수광부 처의 의지이다. 그러나 임은 기어코 강을 건너고 만다. '공경도하(公竟渡河)'의 '竟'은 절벽에서 심연으로 떨어지는 찰나의 체념을 뜻하며 자신도 남편을 따라야 한다는 결의이며 그것을 실천에 옮길 수 있는 용기를 뜻하는 것이기도 하다.

이 노래를 이별이면서 동시에 사랑의 완성으로 만드는 요소는 '물'이다. 물은 일반적으로 창조력의 원천, 즉 여성의 생산의 원리를 상징한다. 또 재생의 의미를 지닌다. 초기 기독교 사회에서 세례는 영적으로 다시 태어난다는 의미 이외에 이제까지의 자신은 죽고 하느님과 하나가 되는 새로운 생명으로 탄생하여 영생을 누린다는 의미가 된다. 초기 교회 지도자들은 요단강을 건너는 행위에 심오한 상징적 의미를 부여하여 이스라엘에 들어가는 사람은 누구나 먼저 요단강을

건너도록 했다고 한다.[13)]

백수광부 처는 임과의 이별을 슬퍼하면서도 공후인을 타며 노래했고 노래를 마친 후 물속으로 들어간다. 물이 갖는 재생성, 모성의 이미지 때문에 남편의 죽음이 모태로의 회귀, 영원한 사랑의 완성으로 승화되는 것이다.

가을에서 겨울로 진입하는 그 계절에 바닷가에 은서와 준서는 앉아 있다. 둘은 은서의 죽음이 목전에 와 있다는 사실을 명확히 알고 있다. 서로 기대어 앉아 물결치는 가을 바다를 바라보던 두 사람은 일어선다. 결코 물을 건너지 말라고 했지만 은서는 기어이 물을 건너야 하는 것이다. 준서는 은서를 업고 바닷가를 걷고 그 과정에서 은서는 숨을 거둔다. 은서는 기어이 물을 건너고 말았다. 준서는 말없이 은서의 장례식을 정성껏 치러준다. 물에 빠져 돌아가시니 가신 임을 어이할까?

준서가 은서를 업었을 때, 은서는 잠깐 자겠다고 말한다. 이야기해 달라는 그녀의 말에 준서는 힘주어 내일의 일을 말한다. 일어나서 제일 먼저 은서 생각을 하고 그녀의 사진을 정리하며 부모님께 안부전화를 하고, 점심 먹고, 산책하고……. 강박적으로 되풀이하는 준서의 말에서 우리는 은서를 보내지 않겠다는 의지를 느낄 수 있다. 준서는 소리 없이 울며 숨죽여 말한다. "님이여, 그 물을 건너지 마오." 그러나 은서는 준서의 등 위에서 숨을 거둔다. 임은 기어이 물속으로 들어가 버린 것이다.

다시 볼 수는 없지만 나는 임을 기다린다. 은서의 죽음을 끝까지 지켜본 준서는 이제 다시 그녀를 만날 준비를 한다. 마지막 장면, 준

13) 나다니엘 엘트먼(황수연 역), 『물의 신화』, 해바라기, 2003, p. 176.

서는 어린 시절의 중학교를 찾아간다. 학교 앞, 은서가 트럭에 치인 바로 그 장소에서 과거를 회상한다. 그런데 바로 그 자리에 트럭이 달려온다. 자동차의 불빛이 반짝이면서 준서는 일부러 차에 치이면서 비상하는 새처럼 하늘로 날아간다. 공후인을 탄 후 임이 빠진 바로 그 자리에 빠져 들어가는 여옥처럼.

내용은 현대 한국을 다루고 있지만 형식은 고대 중국인과 한국인을 동시에 감동시켰던 그 유명한 노래를 그대로 닮아 있다. 물, 그 죽음과 재생의 이미지는 한국인과 중국인이 고대로부터 공유해온 감수성이 아닐까?[14)]

4. 문화산업 수출에서 지속적인 문화 교류로

필자는 본 연구를 통해 동북아 지역 통합에 있어 문화산업 교류가 차지하는 중요성을 논하고 삼국의 문화 교류 현황을 통계자료를 통해 실증적으로 조사·분석한 다음 문제점을 지적하고 그에 따른 해결방안을 모색해 보았다. 조사 및 연구의 범주는 한류 형성의 대표적 문화콘텐츠인 영화와 드라마를 중심으로 하였다. 인터넷사이트와 각종 연구보고서 등을 섭렵하면서 정확한 수치를 내려 노력하였다.

조사 결과 영화 부문에 있어 한국과 일본의 교류는 활발하였으나 2006년을 기점으로 급감하였음을 볼 수 있었다. 이는 한국 영화의 침체기와 일치하는 것으로 좋은 영화가 많이 생산된 시기에 일본 수

---

14) 최혜실, 『한류 드라마의 스토리텔링』, 새문사, pp. 43-47.

출 또한 활발하다는 사실이 분석되었다. 중국의 경우 한국에 한·중 합작 영화가 소개되기는 했지만 불법 복제판으로 인해 사실상 교류는 미흡한 실정이다.

본 장에서는 드라마의 경우 일본에서 〈겨울연가〉가 감동을 불러일으킨 반면 중국에서는 〈가을동화〉가 큰 반향을 일으켰음이 밝혀졌다. 그리고 중국에서의 설문조사 결과 피조사자들의 발언내용이 즉흥적이고 불일치함이 밝혀졌다. 이는 작품 분석이 설문조사 등의 통계자료가 아닌 심층 분석을 통한 예술작품으로의 접근에서 행해져야 함을 드러낸다.

한류가 단순한 유행이 아닌 지속적인 문화 교류로 승화되기 위해서는 문화콘텐츠산업이 경제적 접근이 아니라 예술작품의 교류 측면에서 행해져야 함을 보여주는 예라 하겠다.[15)]

15) 최혜실, 「동북아 문화산업 교류의 현황연구」, 『동묵아문화연구』 15호, 2008, pp. 55-72.

제 3 부

한류를 통한 문화통합

제 1 장

문화원형 디지털 콘텐츠화 사업

1. 한국적 특수성과 세계적 보편성의 조화
2. 문화원형 디지털 콘텐츠화 사업과 한국문화의 세계화
3. 한국적 특수성이 세계적 보편성을 획득하는 방법

제 1 장 문화원형 디지털 콘텐츠화 사업

1. 한국적 특수성과 세계적 보편성의 조화

1) 좋은 이야기

원래 '일시적인 것'이라는 의미를 강하게 담고 있었던 '한류(韓流)'란 개념은[1] 이제 중국, 대만, 일본, 싱가포르, 베트남뿐 아니라 러시아, 중앙아시아, 이집트 등 중동, 유럽까지 확산되었다.[2] 물론 과거와 같은 열기는 아니지만 그 폭과 성숙성에 있어서 결코 한때의 유행이라고 보기 어려운 부분이 있다. 특히 분야가 대중문화, 광고, 패션으로 확대되고 시와 소설 등 순수예술 분야로까지 확산되고 있어 가히 문화 교류, 한국문화의 세계화로 불릴 가치를 지니게 되었다.[3]

물론 2007년 들어 몇 가지 문제점이 나타나고 있는 것은 사실이다. '혐한류'의 역풍으로 수출에 있어 정체를 면하지 못하고 있는가 하면, 특히 중국의 경우 강력한 한류 제한으로 인해 확산에 어려움을

1) 중앙일보, 2000.1.20.
2) 동아일보, 2006.3.14.
3) 중앙일보, 2006.1.24.

겪고 있다. 베트남, 인도네시아 측도 최근 방송영상 교류의 불균형에 강한 반발을 보이고 있는 형편이다. 그러나 이런 정체 현상은 세부를 들여다 보면, 한류가 지나친 과열 현상에서 안정기에 접어들었다는 인상을 주기도 한다. 예를 들어 일본에서는 드라마의 수입은 줄었으나 한국인 배우가 일본 드라마나 영화에 출연하거나 한국 드라마를 리메이크하는 등 새로운 한일 교류의 모델이 제시되고 있다.[4]

이처럼 한류가 안정권에 들어서고 있는 한편 지나치게 스타에 의존하고 있는 것에 대한 우려의 목소리도 높다. 최대의 한류 콘텐츠 수입국인 일본의 경우 배용준에 의해 한류가 개화되어 지속되고 있는 상황이고 중국 등 여러 나라에서도 소비자 조사를 실시해보면 한류 스타들 때문에 한류 콘텐츠를 선호한다고 나타나 있다.[5] 물론 이런 경향도 존중하여 스타들을 육성, 관리, 기획하는 매니지먼트 산업의 확보도 중요할 수 있다.

그러나 무엇보다도 우선시되어야 하는 측면은 좋은 작품이다. 대중문화, 문화콘텐츠도 사람을 감동시키는 예술작품의 속성을 띠는 것이 사실이다. 그리고 작품이 형성되는 데는 작품 자체, 작가, 사회, 독자의 네 가지 요소가 존재하며 문화산업의 범주에 드는 영화나 예술로 분류되는 소설 등에는 이 네 가지 방법이 균형 있게 사용되고 있다. 그런데 유독 한류 문화콘텐츠에만 소비자 트렌드 조사 등 수용자 중심의 분석이 주류를 이루는 것은 문제가 있다. 그 나라의 문화콘텐츠 규제 법안을 잘 파악하자거나[6] 그 나라 소비자의 한류에 대한 불만

4) 윤재식, 「2007 상반기 방송 한류 현황 분석」, 한국방송영상산업진흥원 연구보고서, 2007.6.30, pp. 2-40.

5) 하윤금, 「한류의 안정적 기반 구축과 방송연예 매니지먼트 산업의 개선을 위한 해외 사례 연구」, 한국방송영산산업진흥원 연구보고서, 2006.11, p. 5.

6) 외교통상부, 「중국 문화컨텐츠 시장의 발전과 우리 기업의 진출전략」, 2002, p.

을 잘 보완하자거나 현지에 광고를 잘하자는 정도이다.[7] 작품 내적으로는 중국, 일본국민이 가족주의가 해체된 상황에서 한국 가족의 결속을 보고 감탄한다거나 상냥한 한국 남성에 소녀처럼 매료된다거나 하는 소재적 측면을 강조하는 정도이다. 그러나 이런 방식은 필요조건이지 충분조건이 아니다. 즉 이런 요소를 갖춘 작품이라도 어떤 것은 인기를 끌고 어떤 것은 인기가 없다.

따라서 한류를 유지하고 확장하는 데 가장 중요한 존재는 좋은 영화, 드라마, 게임이고 그것을 만들어내는 일차적 존재는 작가와 감독이며 가장 근본이 되는 것은 시나리오이다. 좋은 시나리오에 대한 정밀한 분석이 앞으로 더 좋은 시나리오를 생산하는 데 도움이 될 수 있다. 이 방식이야말로 한류를 단순한 유행이 아니라 한국을 문화 수출국으로 만드는 계기가 될 수 있으리라 생각한다.[8]

2) 한국문화의 특수성과 보편성의 조화로서의 문화원형

(1) 지역갈등과 문화 교류

인터넷에는 한국, 중국, 일본 누리꾼들의 전쟁이 자주 일어나고 있는 형편이다. 동북공정, 독도 영유권, 야스쿠니 신사 참배, 〈괴물〉 표절 시비 등의 문제로 설전이 일어나고 있다. 어떤 때는 중국의 누리꾼들이 온라인 축구 게임의 일본 서버에 집단으로 들어가 채팅창을 욕설로 뒤엎기도 했다. 이는 오랫동안 중화주의, 대동아공영권 등의

1-99.

7) 유진호, 『신한류 관광 마케팅』, 한국관광공사, 2003, pp. 1-89.

8) 최혜실, 『한류 드라마의 스토리텔링』, 새문사, 2007, pp. 21-24.

지역 통합으로 얼룩진 삼국의 역사와 영토, 해역을 둘러싼 갈등이 매체에도 구현되고 있는 때문으로 보인다.

이런 상황에서 〈주몽〉이나 〈한반도〉같이 자국의 특수한 역사를 강조하는 드라마나 영화는 자칫 이런 민족 감정을 촉발할 우려가 있으며 다른 나라의 공감을 불러일으키지도 못한다. 모든 사람의 공감을 일으킬 수 있는 보편성을 갖추면서도 한국 특유의 문화적 매력을 지닌 그런 작품만이 진정한 문화 교류의 첨병이 될 수 있으리라 생각한다.

(2) 보편성과 특수성의 긴장 관계에서의 한국문화의 세계화

어떤 영화나 드라마가 외국에서 수용자들에게 호응을 받는 데는 중요한 이유가 있을 것이다. 그 중요한 이유 중 하나로서 현지의 문화적 특수성이 영상콘텐츠의 그것과 일치하는 것이 있다. 예를 들면, 일본에서 나타난 〈겨울연가〉 신드롬의 문화적 기반이 첫째, 일본인의 슬픔의 미학과 절제의 미학, 계절감이 작품과 일치하기 때문이라는 것, 둘째, 불황의 시대에 일본의 호황기였던 70년대붐이 일었고 중장년층의 향수를 자극하는 〈겨울연가〉가 큰 반향을 일으켰다는 점, 셋째, 2004년 일본에서 일어난 중아이(純愛) 코드와 작품이 일치했다는 점, 넷째, 버블 경제의 붕괴 등으로 다친 일본인들의 마음을 위안하기 위한 아로마테라피 같은 웰빙 상품, 고게빵과 같은 캐릭터 상품, 햄스터 같은 애완 동물 등이 인기를 끌었고 〈겨울연가〉 역시 이런 이야시(癒し)붐이 작품을 성공으로 이끌었다는 점에 있다는 분석이 그것이다.[9]

---

9) 권연수, 「한류 지속을 위한 현지화 전략 연구: 일본을 중심으로」, 『인문콘텐츠』,

이는 매우 타당한 분석이기는 하나 자칫 논의의 초점이 작품의 미적 구조가 아니라 현지 수용자의 트렌드 조사로 옮겨갈 위험을 낳는다. 설사 결과가 그렇다고 하더라도 일본 현지의 트렌드를 조사해서 한국 드라마나 영화를 제작하는 것이 정답이 될 수 없는 것이다. 즉 일본의 문화흐름이 작품 성공의 필요조건이 될지언정 충분조건이 아닌 것이다. 위의 요건을 충족시키는 모든 한국 영상물이 일본에서 공감을 불러일으키는 것이 아닐 수 있다.

좋은 영상물은 일본뿐 아니라 중국, 유럽에까지 큰 반향을 일으킨다. 이 현상을 어떻게 설명할 것인가? 〈봄의 왈츠〉, 〈여름향기〉, 〈가을동화〉, 〈겨울연가〉의 가치를 보편성에 두고 분석한 연구가 그래서 존재한다. 이야기 중 같은 모티프가 오랜 세월을 두고 집요하게 사람의 마음을 사로잡는 경우가 있는데 이는 오랜 세월 축적된 인류의 무의식을 자극하기 때문인바, 네 작품을 프라이의 계절과 장르를 결부시킨 이론으로 분석한 것이다.[10]

그러나 이 분석 또한 환원론적 오류를 낳는다. 봄의 계절감과 희극이란 스토리텔링을 일치시킨 모든 이야기 장르가 사람들의 심금을 울리는 것은 아니기 때문이다. 이런 모순 때문에 보편성의 근원에 흐르는 특수성을 보다 깊은 원형적 가치에서 찾는 연구도 있다.

예를 들어 〈가을동화〉는 현대 한국을 배경으로 하고 있으며 다른 어떤 나라에서도 일어나는 남녀 간의 사랑을 다루고 있다. 그럼에도 불구하고 유독 중국에서 선풍적인 인기를 끈 이유는 '물'이란 물질적 상상력을 기반으로 이별을 사랑의 완성으로 만들고 있기 때문이다. 백수광부의 처는 임과의 이별을 슬퍼하면서도 공후인을 타며 노래했

제6호, 2005.12, pp. 142-144.

10) 최혜실, 앞의 책.

고 노래를 마친 후, 물속으로 들어간다. 물이 갖는 재생성, 모성의 이미지 때문에 남편의 죽음이 모태로의 회귀, 영원한 사랑으로 승화되는 것이다.

그런데 〈가을동화〉의 마지막 장면은 은서의 죽음을 목도한 준서의 심리와 태도가 〈공무도하가〉의 그것과 일치한다. 가을에서 겨울로 진입하는 계절의 화진포 바닷가에서 애절하게 이별을 말리는 준서의 등에 업혀 은서는 물속으로 떠난다. 준서는 은서의 장례를 마치고 그녀의 뒤를 따른다. 내용은 현대 한국을 다루고 있지만 형식은 고대 한국인과 중국인을 동시에 감동시켰던 노래의 장면을 그대로 닮고 있다.

〈가을동화〉는 한국의 현대 시공간에서의 남녀의 사랑이란 특수성을 다루고 있으나 그 근저에는 '물'의 모성적이며 재생적인 원형이 있기에 감동적인 것이다. 그러나 이 원형 또한 이미 오랜 시간 전, 중국과 한국이 공유했던 문화였기에 순수한 원형(archetype)이라고까지 말할 수는 없다. 어쩌면 그것은 한인과 중국인이 어울려 살았던 중국 길례성 내의 조선현이란 지역이 지니는 문화적 특수성일 수 있다.

2. 문화원형 디지털 콘텐츠화 사업과 한국문화의 세계화

1) 문화, 원형, 문화원형, 콘텐츠의 문화원형

문화란 매우 광범위하고 복잡한 개념으로 오랜 시간 넓게 사용되어 왔다. 동아시아에서의 문화의 본래 의미는 '이문교화(以文敎化)'였다. '이문교화'는 '문치교화(文治敎化)' 또는 '덕치교화(德治敎化)'로서 백성들을 무력이 아니라 인문정신에 바탕을 둔 덕으로 가르쳐 변화시킨다는 유가 정치 이념의 표현이다.[11] 반면, 서양에서는 돌보다, 부양하다, 경작하다는 뜻을 지닌 라틴어 'colore'에서 시작하였다. 농업을 뜻하는 'agriculture'도 같은 어원에서 나온 것이다. 즉 무력의 반대 개념으로 쓰인 동양과 달리, 인간에게 주어진 물질적 자원을 이용하고 극복한다는 의미였다.

일단 어의는 이렇게 시작되었으나 실재로 사용되는 개념은 지극히 복합적이며 광범위하다. 문화인류학자들은 문화는 인간만이 가지는 것이라는 기본 전제하에 문화가 갖는 속성이 무엇인지에 대해 해명하려 하였다. 지금까지 공감을 얻는 것으로, 첫째, 문화는 학습된다, 둘째, 문화는 집단 성원들에게 공유된다, 셋째, 문화는 세대에서 세대로 전승된다, 넷째, 문화는 통합된 전체로서 존재한다, 다섯째, 문화는 변한다는 것을 들 수 있다.[12]

그러나 원형(元型, archetype)이란 근본적인 것, 변하지 않은 것을 말한다. 융은 무의식의 구조라는 개념으로 이 용어를 사용하였고 엘리아데는 모범적 모형이라는 측면에서 신의 창조행위라는 개념으로 사용하였다. 예를 들어 전 세계에 분포되어 있는 용궁 설화는 생 에너지의 전진과 퇴행이란 정신 에너지의 교차로서 태고 때부터 현재까지 모든 인간에게 적용되어 하나의 집단 무의식, 즉 원형(元型)을 형성한 것이다.[13] 개인적 콤플렉스는 개인적 편견 이상의 것을 산출하

---

11) 김교빈, 「문화원형의 개념과 활용」, 『인문콘텐츠』, 제6호, 2005.12, p. 9.
12) 배영동, 「문화콘텐츠 사업에서 '문화원형' 개념의 함의와 한계」, 『인문콘텐츠』, 제6호, 2005.12, p. 43.
13) C.G. Jung, 설영환 역, 『무의식 분석』, 선영사, 1990, p. 96.

지 않으며 원형은 신화나 종교, 철학 등에 대해 한 나라, 한 시대에 영향을 주는 특정 신화, 종교, 철학을 탄생시킨다.[14)]

이런 상호 대립되는 부분이 있는 '문화'와 '원형'을 합친 문화원형의 개념은 복잡해진다. 문화에는 근원형으로서의 원형, 이것이 다른 것에 영향을 미쳐서 나타난 영향형, 다른 곳에 옮겨져 수용된 전파형, 어떤 문화 변화의 근본이 되는 지향형, 원형이 여러 갈래로 분화된 분화형(변이형) 등 여러 개념이 가능해진다. 종합하면 문화원형이란 개념은 문화전승을 의식한 개념이자 문화전파를 의식한 개념이며 결국 문화변동을 의식한 개념이라고 보아야 한다. 다시 말해서, 문화원형이란 것은 문화는 전승되고 전파되며 변동한다는 사실을 전제하거나 의식하면서 만들어낸 개념이다.[15)]

문화원형이란 단어는 1999년 2월 제정된 문화산업진흥기본법 31조 제4항 제8호와 제10호에 처음 나타난다.

> 第8호. ……국립박물관, 공립박물관, 공립미술관에서 구축한 문화유산 데이터베이스 등 문화원형 자료에 대한 저작권, 사용료 등 제반 권리의 위탁 관리
>
> 제10호. 민속, 설화 등 문화원형의 데이터베이스 구축과 저작권, 사용료 등 제반 권리의 관리 및 관련 사업자 지원

박물관에서 국축한 문화유산 데이터베이스를 문화원형으로 본다면 문화원형은 한국의 역사와 전통문화에 관하여 '가공하지 않고 쉽게

14) C.G. Jung, 설영환 역, 『존재와 상징』, 동천사, 1983, pp. 70-71.
15) 배영동, 앞의 글, p. 43.

활용할 수 있는 상태로 전환한 순수자료'라는 의미를 지닌다. 또한 민속과 설화를 문화원형으로 생각한다면 한국인이 공감할 정체성을 지니고 있는 설화에 대한 순수자료 정도로 정의될 수 있을 것이다. 문화산업에서의 문화원형의 의미를 잘 정리한 내용이 있다.

① 문화산업의 변형과 활용을 의식한 문화개념으로서 변형되지 않고 활용의 잠재력을 간직한 문화자료
② 무엇을 만들기 위한 소재로 인식된 문화로서, 문화콘텐츠의 소재
③ 문화상품을 의식한 개념으로서, 상품의 재료가 될 만한 한국 전통문화 그 자체
④ 한국에서 전형성을 갖는 전통문화현상으로서, 가공 상품으로 변형되기 이전의 상태
⑤ 국적이 모호하거나 문화적 뿌리가 심하게 뒤섞인 현대 한국문화보다는 한국적 정체성을 갖는 전통문화
⑥ 한국적 고유성을 간직한 문화현상으로서 세계적 차원에서 볼 때, 다른 나라와 구별될 만한 특성을 갖는 한국 문화[16)]

그렇다면 한국적 정체성과 고유성을 갖는 한국의 전형적인 전통문화라고 일단 정의되는 문화원형이 왜 문화산업에 소용이 되는 것인가? 한국의 특수성이 세계인에게 소구될 수 있는 가능성을 지닌다는 것을 전제로 한 것인데 그 이유는 위의 정리항목의 곳곳에서 나온다. 즉 '상품'의 재료가 될 만하다는 표현이다. 우리의 고유 것이라도 이

---

16) 배영동, 위의 글, p. 48.
최혜실(연구책임자), 『우리문화원형창작소재개발 중장기 로드맵 수립』, 한국문화콘텐츠진흥원, 2005, p. 23.

익을 창출하지 않으면 안 된다는 말이다. 우리 고유의 원형 중에서 부가가치를 창출할 만한 것을 고른다는 뜻이 강하게 내포된 것으로 상품 가치가 없는 원형은 채택하지 않는다는 것을 의미하는 것이다. 이는 다시 말하면 많은 세계인들에게 보편적인 감동을 줄 특수한 한국적인 것을 의미한다.

2) 콘텐츠진흥원의 문화원형 디지털 콘텐츠화 사업

(1) 사업 소개

정확히는 '우리문화원형 디지털 콘텐츠 사업'이란 명칭의 사업은 2002년 문화콘텐츠진흥원에서 시작되었다. 디지털화된 창작소재의 제공을 통한 문화콘텐츠산업 경쟁력 향상과 콘텐츠 유통 촉진을 통한 문화콘텐츠산업의 장기적 성장기반 마련이 목적이었다. 1차 목표는

<표 14> 문화원형소재

범주화	내 용	사 례
이야기형 소재	신화, 전설, 민담 역사 문학 등의 문화원형 창작소재 개발	-한국 도깨비 캐릭터 이미지 콘텐츠 개발과 시나리오 개발 -죽음의 전통의례와 상징세계의 디지털 콘텐츠 개발 등
예술형 소재	회화, 서예, 복식, 문양, 음악, 춤 등의 문화원형 창작소재를 개발	-부적의 디지털 콘텐츠화 -현대한국 대표 서예가 한글서체의 컴퓨터 글자체 개발 등
경영 및 전략형 소재	전투, 놀이, 외교, 교역 등 문화원형 창작소재 개발	-조선 왕조 궁중 통과의례 원형의 디지털 복원 -한국무예의 원형 및 무과시험 복원을 통한 디지털 콘텐츠 개발
기술형 소재	건축, 지도, 농사, 어로, 의학 등의 문화원형 창작소재를 개발	-한국천문, 우리 하늘, 우리 별자리 디지털 문화콘텐츠 개발 -조선시대 조리서에 나타난 식문화 원형

<표 15> 문화원형사업 대표사례

장 르	사례(작품명)	활용과제	활용기관	활용효과
영화	왕의 남자	–조선후기 한양도성 –조선후기 궁궐	(주)이글픽쳐스	관객 1,230만 명
	모던보이	–서울의 근대 공간	KNJ엔터테인먼트	관객 75만 명
드라마	주몽	–고대국가의 건국설화 –고구려 고분벽화	(주)올리브나인	시청률 30%
	황진이	–조선시대 기녀문화의 디지털 콘텐츠 개발 –한국의 전통 장신구: 산업적 활용을 위한 라이브러리 개발	(주)올리브나인	시청률 23.3%
캐릭터	뿌까, 모&가	–자수문양 –능화문	(주)부즈	해외수출 350만 달러(상담실적)
방송	KBS 문화지대 문화콘텐츠 발굴프로젝트 '씨'	–전체 과제	KBS	시청률 4%
디자인	섬유디자인	–단청문양 / 자수문양 –능화문 –궁중문양	대구경북 섬유산업협회	수출 92만 달러 계약(600만 달러 예상)
	연하장 제작	–자수문양	(주)바른손카드	30만 장 판매
게임	온라인게임(RPG) 거상	–선사에서 조선까지 해상선방 및 해전 등	(주)조이온	400만 명(회원수)
공공분야	국사교과서	–산여성교육 등 26개 자료 활용	국사편찬위원회	연간 60만 권 (5년간, 300만 권)
	국사교과서 e-러닝 부교재	–해동성국 발해, 한국의 양각화 등 약 1,750개 콘텐츠 활용	국사편찬위원회	2007년 1학기 전국 초 · 중 · 고등학교 배포
	영문 홈페이지	–우리 음악의 원형, 한국의 고인돌문화, 사이버 전통 한옥마을 등 총 33개	국회	국회 공식 영문홈페이지 적용
	조계종 템플스테이	–사찰건축 등	조계종	홈페이지 활용
	상장표지	–한국 고서 능화문(연당초문)	문화관광부	상장 및 표지
지자체	강릉단오제	–중요 무형문화재 제13호 강릉단오제 개발	강릉시	지역축제 활용 (캐릭터 등)
	남사당 바우덕이축제	–유랑연예인집단 남사당	안성시	지역축제 활용 (플래시애니 등)
	경주–앙코르 엑스포 전시	–문화원형 사업 결과물 전발	경주문화엑스포	2006년 11월 한국디지털문화원형전

2002년에서 2006년 5개년간 180여 과제 개발이었다. 2007년부터 시작된 2단계 사업을 통해 현재까지 역사, 민속, 신화, 건축, 예술 등 총 180여 개의 과제의 26만 3천여 개의 아이템을 개발하였다. 개발된 창작소재는 문화콘텐츠닷컴(www.culturecontent.com)의 문화원형 전시관에서 '의식주, 건축, 의례 신앙, 교통 통신, 군사 외교, 역사 민속, 예술, 과학기술, 문학 문헌'의 7개 주제 영역별로 제공하고 있다. 선정된 과제들은 〈표 14〉와 같이 범주화될 수 있다.

문화원형사업은 창작 소재로 개발되어 문화콘텐츠 산업에 다양하게 활용되어 일단 성공적인 것으로 평가되고 있기는 하다. 〈표 15〉는 대표적인 활용 사례를 정리한 것이다.

(2) 창작소재의 전통성과 창의성, 특수성과 보편성의 모순

2002년 당시 한국은 세계 문화콘텐츠 산업 국가별 시장 점유율에 있어 이탈리아, 중국에 이어 9위를 하고 있었으며 2010년 5대 강국 진입이 목표였다. 당시 한국에서 진입의 최대 약점은 창작소재의 부족이었다. 예를 들면, 물가를 비교해 볼 때, 한국으로서는 큰 돈인 126억의 제작비가 투입된 〈원더풀 데이즈〉가 29만 5천 명의 관객 동원으로 실패한 반면 200억의 제작비만 투입된 〈센과 치히로의 행방불명〉은 일본만 2,700만 명, 한국 220만 명의 관객으로 흥행에 성공했었다. 〈원더풀 데이즈〉는 치밀한 기획과 3D, 미니어처 등의 첨단기술의 동원으로 기대가 모아진 반면, 〈센과 치히로의 행방불명〉은 2D셀의 고전적 방법이었다. 우수한 시나리오와 일본 전통의 성공적인 결합에 비해 시나리오의 빈곤이 결정적인 것으로 밝혀졌다. 이 비교에서도 볼 수 있듯이 한국은 우수한 디지털 기술과 인터넷 인프라를 가지고 있음에도 불구하고 창의적인 소재의 빈곤에 큰 문제가 있음을 알 수 있다.

결국 문화원형 사업은 한국 고유의 전통 소재에서 창의적인 그 무엇을 찾기 위해 시도된 것이다. 얼핏 생각하면 모순된 개념으로 보인다. 이미 존재해 있는 낡은 것에서, 그리고 한국의 특수성이 내재해 있는 것에서 세계인을 감동시킬 보편적이고 창의적인 것을 발견한다는 것 말이다. 이 문제점의 핵심을 들여다보기 위해 기개발된 창작소재를 살펴보기로 하겠다.

첫째, 시대적 편중이 대표적인 문제점으로 지적된다.

시간적으로 조선 시대에 편중되어 있고 시대를 확실히 알 수 없으며 현재까지 남아 있는 통시대의 부분이 많이 개발된 것을 발견할 수 있다. 그 이유는 첫째, 지금까지 존재했다는 사실은 시간의 부식을 견뎌낸 그 무엇이 사람들의 보편적인 정서에 소구할 수 있기 때문이며 둘째, 선사 시대나 삼국 시대의 원형은 현전하는 것이 거의 없어 재현하기 힘들기 때문이다. 분야를 살펴보면, 자연, 생활, 사회, 민속

<표 16> 선정된 과제들의 시대별 구분

구 분	사업실적	
이야기형	• 통시대: 14건 • 고 대: 5건 • 고 려: 1건 • 조 선: 10건	• 근현대: 13건 • 가상시공간: 3건 • 글로벌: 2건
디자인형	• 통시대: 10건 • 고 대: 6건 • 고 려: 3건 • 조 선: 34건	• 근현대: 6건 • 가상시공간: 0건 • 글로벌: 1건
정보자료형 (경영, 전략형/기술형)	• 통시대: 10건 • 고 대: 2건 • 고 려: 1건 • 조 선: 21건	• 근현대: 7건 • 가상시공간: 1건 • 글로벌: 0건

으로 나뉘는데 어떤 공통점도 발견할 수 없으며 산발적으로 흩어져 있는 것이 특징이다.

이는 내면적 문화의 경우에도 마찬가지이다. 시간적으로 현재까지 전해 내려오는 전설이나 설화 외에는 조선이나 근대에 편중되어 있음이 눈에 뜨인다. 종교, 문학, 미술, 공연문화, 해외문화로 나뉘는데 종교의 경우 불교의 탱화나 민간신앙의 도깨비, 부적 등이 같이 개발되어 있다. 문학의 경우, 귀신설화나 구전 실화 등이 개발되어 있다. 미술이나 공연문화에 있어서도 공통점을 발견할 수 없다.

그러나 개발과제의 세부 제목들을 보면 문제는 달라진다. 〈애니메이션 요소별 배경을 위한 전통 건축물 구성 요소 라이브러리 개발〉, 〈고구려, 백제의 실크로드 개척사 및 실크로드 관련 전투 양식, 무기류, 건축, 복식 디지털 복원-글로벌〉, 〈바다 속 상상 세계의 원형콘텐츠 기획〉, 〈불교 설화를 통한 시나리오 창작소재 및 시각자료 개발〉, 〈구전신화의 공간체계를 재구성한 판타지 콘텐츠의 원소스 개발〉, 〈조선시대 조리서에 나타난 식문화원형콘텐츠 개발〉, 〈게임 제작을 위한 문화원형 감로탱의 디지털 가공〉, 〈조선 시대 상인 활동에 나타난 한국사업사 문화원형의 시각 콘텐츠 구현〉, 〈근대적 유통 경제의 원형을 찾아서〉, 〈조선시대 검안기록을 재구성한 수사기록물 문화콘텐츠 개발〉, 〈게임/만화/애니메이션 및 아동출판물 창작소재로서의 암행어사 기록 복원 및 콘텐츠 제작〉, 〈한국사에 등장하는 첨자 관련 문화콘텐츠 소재 개발〉, 〈한국 도깨비 캐릭터 이미지 콘텐츠 개발과 시나리오 제재 유형 개발〉 등을 보면 원형들의 선정 이유가 매우 명확해진다.

요컨대 애니메이션이나 게임, 영화, 드라마의 소재로 쓰겠다는 것이다. 건축물이나 무기들을 게임의 공간적 배경이나 아이템으로 사용함으로써 종래 북유럽 신화 중심의 엔터테인먼트 산업에서 한국의 위상을 높이겠다는 복안이 파악되는 제목들이 많다. 조선 시대 상인들의 원형을 복원하겠다는 것은 한때 소설이나 드라마, 영화에서 큰 인기를 끌었던 개성상인들의 이야기류를 발굴하겠다는 의지가 숨어 있다. 조선 시대 조리서에서 〈대장금〉류의 식문화 콘텐츠를 개발하겠다는 복안이 숨어 있다. 검안 설화나 간첩 이야기 등은 이미 그 콘텐츠 자체가 〈다모〉, 〈조선 별순검〉, 〈혈의 누〉, 〈한성별곡〉의 중요 원천 소재가 되었다. 도깨비 캐릭터나 인귀 설화에는 〈센과 치히로의 행방불명〉처럼 한국형 도깨비 이야기를 발굴해 세계인을 감동시키겠다는 의지가 숨어 있다.

즉 개발자들이 어떤 원형을 채택해 제안서를 내고 그것이 심사위원들의 공감을 얻어 선정되는 과정에 가장 중요한 역할을 하는 요소가 이 창작소재가 현재 수용자들(소비자들)을 감동시킬 수 있는, 트렌드에 맞는 것인가 하는 점이다. 우리말로 경향, 동향, 추세, 방향, 시대풍조 등을 의미하는 이 말은 좀 더 자세히 정의한다면, "어떤 새로운 것이나 뭔가 다른 것으로의 변화 또는 발달"이라고 할 수 있다.[17] 현재 일어나고 있는 이 변화의 과정에 현대 사업가들은 끊임없는 관심을 가진다. 이 트렌드의 변화에 따라 산업의 지형도가 바뀌기 때문이다.

그런데 트렌드는 변화하는 것이기도 하지만 한편으로는 그 집단의 문화적 전통과 밀접한 관계를 지니고 있다는 데에 문제가 있다. 예를 들면, 일본에서 나타난 〈겨울연가〉 열풍은 1990년 일본의 버블 경제 붕괴, 한신 이와지 대지진, 오옴 진리교 지하철 독가스 사건 등의 사

17) 인문콘텐츠학회, 『문화콘텐츠입문』, 북코리아, pp. 55-56.

회문제로 인해 사람들이 정신의 안식을 찾게 된 경향 때문에 발생했다는 분석이 있다. 그러나 사회적·경제적 어려움을 겪는다고 해서 모든 세계인들이 순애보 같은 이야기를 통해 정신적 위안을 찾지는 않는다. 그런 트렌드의 배면에는 일본인 특유의 슬픔과 절제의 미학이란 원형이 깔려 있는 것이다. 작가인 오바 미나코는 "일본인의 미의식의 기저에는 슬픔이 있다"고 했다. 또한 드러나지 않는 아름다움, 표현하지 않는 깊이에 가치를 두는 절제의 미학, 그리고 전통적으로 유형화되고 정형화된 계절감각의 미학은 일본 미의식의 극치로서 일본인들의 문화감성의 기저를 이룬다.[18]

결과적으로 일본에서 〈겨울연가〉의 성공은 전통적인 일본인의 미의식과 변화하는 시대의 흐름이 잘 맞아떨어져서 나타난 것이라고 할 수 있다. 결국 현지 시장을 공략하기 위한 상업적 트렌드 조사는 실제로는 그 나라의 문화적 수준과 깊이의 조사가 병행되어야 하는 것이다. 어떤 사회적 변화에 그곳 현지인들이 그렇게 반응하는 것은 수천 년 동안의 전통이 만들어낸 집단 무의식의 힘이 큰 것이다. 여기서 유행과 원형은 만나게 된다.

그러나 선정된 문화원형들이 과연 유행과 트렌드에 대한 진지한 고찰에서 나온 것인가에 대해서는 회의적이다. 예를 들어, 〈암행어사기록〉은 외국의 〈괴도 루팡〉, 〈셜록 홈즈〉 등의 탐정물을 겨냥하여 한국형 탐정콘텐츠물을 만들려는 의도가 노골적으로 담겨 있다. 〈인귀설화 원형〉은 서양의 드라큘라물 등에 대항하는 한국형 귀신콘텐츠물을 만들려는 의도가 가득 담겨 있다.

그렇다면 이런 한국형 동일 모티프 상품의 효과가 갖는 한계는 어

18) 권연수, 앞의 글, p. 142.

떤 것인가? 우리는 여기서 홍콩 느와르물을 떠올릴 필요가 있다. 미국의 서구 무법자 영화의 홍콩판이라 할 수 있는 이 영화들은 잠깐 인기를 끌었으나 B급 영화로서의 소명을 다한 채 자신의 독자성, 예술성을 확보하는 데는 실패하고 말았다.

즉 서구의 동일 모티프 서사를 흉내 내 영화들은 자국이나 아시아에서 자신의 문화적 배경에 맞게 가공됨으로써 자국인들에게 친근하게 와 닿아 국내용으로 성공할 뿐이지 자체의 독창성으로 해외에서 성공하는 사례는 거의 없는 편이다. 심사에 응하는 연구자들도 모티프 선정하는 데 이런 자의식을 동원하고 있고 심사하는 사람들 또한 "아, 요즈음 〈센과 치히로〉가 인기가 있지, 그렇다면 한국형 도깨비 원형으로 콘텐츠를 만드는 것이 설득력 있지" 하면서 즉흥적이고 표피적인 잣대를 동원하여 선정하고 있는 것이다.

그러나 그렇다고 해서 우리가 철저하게 할리우드의 소재와 문법으로 승부할 수는 없는 노릇이다. 그 사례가 〈디 워〉인바 작품의 초기에 나오는 이무기 설화는 맛보기일 뿐 시종일관 서구의 배우, 서구의 공간적 배경으로 작품을 진행시켜 최고의 그래픽이나 스토리가 약하다는 평가를 받았다. 할리우드의 진입도 실패했다.

당연한 결과이다. 외국인이 아무리 유창하게 한국어를 구사한다고 할지라도 그것은 외국인에 비해 한국어를 잘한다는 것이지 한국인과 똑같이, 혹은 더 잘 한국어를 구사한다는 이야기는 아닌 것이다. 최근 원더걸스가 미국의 빌보드 차트에 진입하는 데 성공했다고 야단들이다. 1등도 아니고 100등 안에 들었다고 기뻐한다니, 이는 외국인치고 한국어를 잘한다고 추켜 주는 한국인들의 심성과 다를 바 없는 것이다.

한국 문화콘텐츠가 세계화되기 위해서는 우리 전통문화의 원형 중

보편성이 있는 것을 발굴하여야 한다는 논리는 표면적으로는 모순되어 보인다. 오래전에 존재했던 우리 것이라는 특수한 요소가 어떻게 세계인에게 감동을 줄 수 있는가 하는 반론이 나올 수 있다. 이 모순에 대한 극복으로 서구에서 흥행에 성공한 것과 동일 모티프의 문화원형을 찾는 방법이 널리 사용되고 있는 것으로 보인다.

그러나 아직 확고한 방법을 찾지 못했다는 점은 기발굴된 소재의 응용양상에서 명확히 드러난다. 발굴된 소재들 중 콘텐츠물에 응용되는 것은 주로 공간적 배경이나 비주얼 자료, 단편적인 소재에 불과하다. 이렇게 된 데에는 여러 가지 이유가 있다.

첫째, 문화원형 선정 과정에 있어서의 문제점이다. 인문학자, 전산계통의 학자, 산업계 인사들이 모여 심사를 하는 과정에서 인문학자는 계속 문헌의 고증만 주장하고 전산학자들은 데이터베이스의 질, 예를 들면 해상도만 고려하고, 산업계 사람들은 현재 외국에서 대박을 터트린 상품을 좇는 데에 치중을 하다 보니 선정의 기준이 단순소박한 것, 예를 들면 고택, 옛 문양, 복식같이 한눈에 알 수 있는 것이 중심이 된다.

둘째, 첫 번째와 같은 상황에서 나타나는 문제점인데 심사 패널의 급조이다. 보완 때문에 심사 하루 전에 전화 돌려서 시간이 되는 사람들만 모아 심사위원단을 구성하니 자연히 잠재력이 큰 작품을 보는 눈이 미흡하고 심사 과정에 성의를 보일 수 없는 상황이다.

셋째, 공모전이 지니는 근본적인 한계이다. 창의력과 상상력을 신장시키는 프로그램을 만들어 좋은 문화원형을 발굴해야 함에도 가만히 앉아서 좋은 원형이 오기를 기다리는 시스템이니 획기적인 아이템이 나올 이치가 없는 것이다.

넷째, 데이터베이스를 만들면 색인 과정에서 편의상 항목별로 범주화하여 문화원형을 분절화하여 가질 수밖에 없으므로 인문학적 지식이 없는 문화산업 종사자들이 전체 속에서 그 문화원형의 중요성을 파악하지 못하게 된다. 결과적으로 이야기나 이미지의 단편적인 편린들을 취하게 됨으로써 우리 문화 전통에 대한 총체적인 판단 없이 부분적으로 콘텐츠 속에 녹여내게 됨으로써 본질을 왜곡시키거나 진정한 의미를 반감시키는 결과를 낳게 되는 것이다.

문화원형이 시간의 부식을 견뎠다는 점, 그만큼 검증을 거쳤다는 점에서 이미 보편성을 획득하고 있고, 디테일의 측면에서의 한국적인 특수성이 세계인들의 호기심을 끌 수 있다는 점, 한계 속에서도 보편성과 특수성의 조화라는 측면에서, 문화원형 디지털 콘텐츠 사업은 일정한 한계를 지닌 채 소기의 성과를 거두고 있다고 할 수 있다.

3) 한국 향토문화전자대전 편찬 사업

한국학중앙연구원에서 '한국민족문화대백과사전' 편찬사업의 후속작업으로 기획되었으며 2003년에 국책 사업으로 선정되며 본격화하였다. 2004년부터 2013년까지 10개년에 걸쳐 1,164억 원 규모의 국가예산과 지방자치단체의 예산이 공동으로 투입되는 매칭 펀드 방식으로 추진되는 초대형 지역문화유산 콘텐츠 구축사업이라 할 수 있다.

한국 향토문화전자대전 편찬사업에서는 우리 고유의 향토 문화를 총 9개의 분류체계에 의거하여 정리하고 있다.

① 삶의 터전(자연과 지리) ② 삶의 내력(지방의 역사)
③ 삶의 자취(문화유산) ④ 삶의 주체(성씨와 인물)
⑤ 삶의 틀1(정치와 행정) ⑥ 삶의 틀2(경제와 산업)

⑦ 삶의 내용(종교와 문화) ⑧ 삶의 방식(생활과 민속)
⑨ 삶의 이야기(구비전승과 어문학)

이 정리 과정은 현재 있는 원형을 복원하는 것에 중점을 두고 있기 때문에 콘텐츠 사업에 직접 활용할 수 있는 창의적인 문화원형이라고 보기는 어렵다. 다만 한국형 창작 소재의 기반 구축, 저변 확대라는 점에서는 의미 있는 작업이라 할 수 있다.

4) 지역 문화원형콘텐츠 개발지원 사업

지자체들이 콘텐츠진흥원의 문화원형 사업을 벤치마킹하여 지역의 문화자원을 개발하기 위한 디지털 아카이브 사업을 시작하고 있다. 참고로 2005년 지역별 대표 사례를 소개한다.

위의 사례에서 볼 수 있듯이 자기 지역의 경제, 문화를 문화자원으로 활용하려는 의도가 엿보인다. 예를 들어, 경기 디지털 진흥원에서는 경기도 이천의 도자기 생산지로서의 특성을, 광주 정보문화산업진흥원에서는 관광자원인 운주사를, 제주지식산업진흥원에서는 삼별초군의 역사적 사실을 문화자원으로 활용하려 하고 있는 것이다.

지자체들의 이런 노력은 자기 지역의 특성을 구체적으로 살릴 수 있다는 점에서 훨씬 현실성 있는 요소들을 도출할 잠재력을 지니고 있다 하겠다. 그러나 지역이기주의에 의해 자기 지역의 인적 자원만을 활용하려 함으로써 결과적으로 콘텐츠화될 때 지역적 낙후성을 극복 못하는 등의 부작용도 만만치 않다.

〈표 17〉 2005년 지역 문화원형콘텐츠 개발지원 사업

과제명 및 내용 요약	주관기관
흙의 美學, 빛과 소리 - 경기도자문화원형의 디지털 콘텐츠 개발 -경기도 문화예술의 대명사인 도자문화의 원형을 예술적, 과학적 측면에서 분석 -기존의 문양 중심의 시각적 이미지와 차별화된 질감, 빛깔 및 모양, 소리의 요소를 아울러 갖춘 오감체험형 콘텐츠 개발	경기 디지털 콘텐츠진흥원
"千佛千塔의 신비와 일어서지 못하는 臥佛의 恨" 운주사스토리 뱅크 -'운주사 불국토 이상국가론'과 '대동사상' '평등사상'에 담긴 전통민족문화 원형을 운주사의 조형물과 건축물의 외적 아름다움을 통해 재발견하고, 다양한 설화와 구전이야기를 산업적 OSMU원천스토리로 제작	광주정보 문화 산업진흥원
잃어버린 백제문화를 찾아서(백제금동대향로에 나타난 백제인의 문화와 백제기악탈 복원) -'백제금동대향로'를 통하여 우수한 백제문화 콘텐츠를 개발, 일본에 전수된 '백제기악탈'을 복원. 이를 한국적 문화콘텐츠 산업에 활용	대전문화 산업 지원센터
삼별초 문화원형에 기반한 디지털 콘텐츠 개발 -항몽의 역사 속에 담긴 삼별초군의 방어체계, 성곽, 전투, 인물, 설화 등의 문화원형 발굴, 디지털 콘텐츠화로 개발 -게임, 캐릭터뿐 아니라, 오프라인 산업에서도 활용 가능한 콘텐츠 제작	제주지식 산업진흥원
한국 전통일간과 철제연장 사용의 디지털 콘텐츠 개발 - 금속생활공예품 제작을 중심으로 -충북의 철문화를 중심으로 '만드는 이'와 '만드는 일'에 대한 과학기술적, 공예기술사적 접근을 통해 다양한 디지털 콘텐츠 개발	청주시 문화산업 진흥재단

5) 문화재청 문화유산 디지털 복원 사업

이 사업 또한 향토문화대사전처럼 현재 있는 문화유산들을 기록하고 정리하는 데 중점을 두고 있기 때문에 콘텐츠 사업에 직접 활용할 수 있는 창의적인 문화원형이라고 보기는 어렵다. 그러나 가공하기 전, 한국을 대표할 수 있는 문화재들을 일목요연하게 볼 수 있다는 점에서 창작자들에게 많은 영감을 줄 수 있다.[19]

19) 최혜실, 「한국 문화의 세계화를 위한 한류의 지속 및 확장방안 연구」, 『비교한국학』 16권 2호, 2008, pp. 549-568.

<표 18> 문화재청 문화유산 디지털 복원 사업

DB 구분	사업명	내 용
문화재 실측기록 DB	문화재 관광상품 활용 DB 구축	−2010년까지 1,000건 구축 −3차원 입체정보 DB 구축 −3D입체영상 / 도면관리 및 관련 콘텐츠 구축
	중요목조 문화재 실측조사	−중요목조문화재 139건 실측조사 및 기록 보존 −1999~2008년 / 현재 국보 8건, 보물 34건 실측 완료
	석조문화재 기록보존	−석탑 등 석조문화재 정밀실측 및 사진 촬영 실시, 기록 보존 −2004~2013년 / 현재 10기 석탑 실측 완료
	근대건축물 기록보존 및 DB 구축	−근대 문화유산 실측 및 사진 촬영 기록 보존 −1999년~2008년 / 현재 73건 완료
	중요민속자료 기록화	−중요 민속가옥 정밀실측 및 기록화 보고서 발간 −창녕 하병수가옥 등 9건 완료
	석조미술 문화재 기록화	−부도 및 탑비의 정밀실측 및 디지털 사진기록 −2004~2013년 총 181건 조사 목표 / 현재 17건 실측
	세종대왕릉, 효종릉 실측조사	−왕릉 주변 지형 및 배치 현황 실측조사 실시 / 완료
	중요동산	−2D/3D 촬영, 형상, 설명자료, 인터렉티브 등 총 467건 대상
	문화재 입체영상화	−2005년 사업 완료
	남북한 종합학술조사	−북한의 고건축 등 정밀실측 조사 / 연탄심원사 조사 완료 −2013년까지 6건 조사 목표
	중요동산문화재 기록화	−3차원 영상, 형상정보 도면, 콘텐츠 등 기록화 −총 33건 대상
	관덕정, 쌍계사, 대웅전 보수공사 실측	−해체보수 공사 실측기록 및 보고서
전적 문화재 기록 DB	전적문화재 원문 DB구축	−원문자료 디지털촬영, 컴퓨터이미지 구축, 콘텐츠 개발 및 인터넷 탑재 −2003~2005년간 총 702건 완료 / 870건 목표
	중요 전적문화재 기록화	−디지털촬영, 원문입력, 컴퓨터이미지 구축, 인터넷 서비스 −2002~2005년간 총 177건 완료
	전통문화원형 기록화 DB	−직물, 복식 관련 데이터 구축 / 200건
문화재 영상기록 DB	금석문 종합영상 DB 구축	−선사−조선시대금석문텍스트 8,000건 대상 −이미지 자료 및 콘텐츠 및 시스템 개발
	중요무형문화재 기록화	−중요무형문화재 보유자를 촬영, 기록 영상 제작 −1995~2005년 총 90건 제작 / 120건 목표
	전통 기예능 조사연구	−우리 민족의 전통기예능조사연구 및 콘텐츠 구축 −2002~2005년 총 19개 종갓집 대상 영상기록물 제작
	남북한 종합학술조사	−북한의 국보, 보물대상 유물유적 DB 구축 / 총 2,628건 −인터넷자료관 운영 및 콘텐츠 개발 −3차원 영상콘텐츠 '고구려궁성을 찾아서' 등 3건
	모션캡처를 이용한 무형문화재 기록화	−중요무형문화재의 신체의 시간적 동작을 계측, 기록 보존 −데이터를 이용한 교육시스템 구축 및 관련 3D 콘텐츠 개발 −살풀이, 승무 등 총 11건 제작 목표
기타 기록화	중요문화재 탁본 조사	−궁궐, 왕릉의 석비 등 탁본조사 / 도록발간 및 DB 구축 추진 −2005~2014년간 1,285건 실시 목표

3. 한국적 특수성이 세계적 보편성을 획득하는 방법: 〈신도산 성모설화의 경우〉

1) 보편성과 특수성의 조화

매우 교과서적이고 정론적이어서 맥이 빠지는 이야기를 해보겠다. 한류를 확장하는 데 가장 효과적인 장르는 역시 미디어와 영상의 힘에 편승한 영화, 드라마, 게임이며 그 장르의 수준을 유지하는 데 가장 기본이 되는 것은 좋은 시나리오이고 공을 들인 제작이다. 정치하고 탄탄한 작품구조를 지니면서 한국적 특수성을 세계적 보편성과 연결시킨 작품이 오래 남는다.

우리가 이미 문학작품에서 경험해왔듯이 좋은 작품은 시대와 지역을 초월하여 존재한다. 예를 들어 아직도 한국의 독자들이 톨스토이의 〈전쟁과 평화〉에 감명을 받는 것은 한국인이 비슷한 전쟁을 경험해서 그런 것이 아니라 작품 속에 등장하는 인물들의 생동감이나 잘 짜여진 구성, 그 속에 녹아 있는 작가의 박애 정신에 감동하기 때문이다. 더불어 중요한 것은 배우 그 자체가 아니라 이야기이다. 독자가 작품 속의 주인공 나타샤에 열광하는 까닭은 영화의 여주인공 오드리 헵번 때문이 아니라 이야기 속에 드러나는 주인공의 청순한 이미지를 여배우에게 투사시켰기 때문이다. 사람들이 최지우를 그렇게도 좋아하는 것은 배우의 미모 때문도 있겠지만 〈겨울연가〉에서의 이미지를 그녀에게 중첩시켰기 때문이다. 이제 좋은 작가와 좋은 감독, 그리고 좋은 제작 방식에 힘을 기울여야 할 때이다.

앞에서 누누이 강조한 바 있듯이 한류의 흐름을 주도했던 〈가을동화〉, 〈겨울연가〉, 〈여름향기〉에는 공통점이 있다. 이 드라마에 중국, 일본뿐 아니라 유럽과 아랍권 국가들의 시청자들이 감동했던 것은 작품의 미적 구조가 보편성을 지녔기 때문이다. 필자는 사계절의 흐름이 지니는 원형에 대해 노스롭 프라이(Northrep Frye)의 이론을 인용하며 분석한 적이 있다.

그러나 한편으로 이 드라마에는 틀림없이 한국의 풍경과 정서가 녹아 있고 외국인들은 그 이국적 분위기에 호기심을 느꼈다. 일본 여성들은 배용준의 상냥함과 다정함에서 일본 남자에게 결여되어 있는 요소들을 발견했고, 중국인들은 〈보고 또 보고〉라는 드라마에서 가족의 소중함을 발견했다. 결국 보편성과 특수성의 교묘한 결합이 한류의 흐름을 주도한 것인데 이제 처음부터 작품에 그 요소를 심기 위한 방법은 없을까?

2) 소재로서의 원형과 미적 구조로서의 원형

정형성은 단순한 유행의 차원이 아니라 '사회구성원에게 공유되는 전통적으로 합의된 서사'이다. 이것은 오랜 기간 사회 구성원 공동의 누적된 합의에 의해 이루어지는데 이것이 바로 문화원형 창작 소재가 지니는 장점이다. 오랜 시간의 부식을 견뎌내었기 때문에 그 속에는 인류 보편성을 깔고 있으면서 동시에 자국민의 특수성이 담겨 있다.

그러나 과연 한복이나 기와집 등 당시의 역사적 상황을 철저한 고증으로 재현한 전통 사극이 보편적일 수 있을까? 우리 문화 속에 남아 있는 원형적 요소로 세계인을 감동시키는 것이 단지 소재적 차원일 것인가? 또한 현대를 다루는 영상물이 세계인을 감동시키려면 어떻게 해야 하는 것일까? 보편성과 특수성이 절묘한 조화를 이루기 위해서는 현대 속에 우리의 원형적 요소를 녹여내는 일이 필요할 것이다.

최근 컴퓨터 게임에서는 수많은 여전사가 등장하고 있다. 그런데 이들은 한결같은 공통점을 지닌다. 아름답지만 지혜롭고 파워풀하다. 그녀들의 중성적인 매력은 많은 마니아층을 양산해내고 있다. 그런데 한국적이면서도 보편적인 여전사를 창안해낼 수는 없는 것일까?

한국 역사에 나타나는 여전사의 원형으로 '신모(神母)'를 들 수 있다. 단군 신화의 웅녀에서부터 나타나는 한국의 신모는 고난 극복과 영웅 출산의 두 기능을 지니고 있으며 시대나 장르, 지역에 따라 두 기능 중 어느 한쪽이 강조되어 왔다. 자기 자신이 영웅이 되는가 아니면 영웅을 탄생시키는 매개 역할을 하는가의 문제인데 이 양상을 상세히 살펴보면 상당히 재미있는 현상이 보인다. 역사적・사회적 상황과 인물의 변형 관계를 연구한다면 현대 세계에 맞는 여성영웅의 유형을 발견해낼 수 있을 것이다.

3) 한국 고대신화와 무조신화에 나타난 신모신화의 양상과 특징

단군신화는 『삼국유사』, 『제왕운기』, 『응제시주』, 『세종실록지리지』 등에 기록되어 있다. 이들 각각의 기록은 매우 다른데 이러한 전승변이가 일어난 것은 그 전승과정에 있어 시대적 층위나 민간층의 신화 인식의 차이 때문이라 할 수 있다. 본문에서는 『삼국유사』를 중심으로 유형분석을 해보고자 한다.

① 곰과 범이 사람이 되고자 환웅에게 빌었다.

② 환웅은 쑥과 마늘을 곰과 범에게 주고 햇빛을 보지 말라 한다.

③ 범은 견디지 못했으나 곰은 이를 견디어 내고 사람이 되었다.

④ 웅녀가 아이를 갖고자 신터나무에서 기원하다.

⑤ 환웅이 사람으로 변하여 웅녀와 혼인하다.

⑥ 웅녀가 단군을 낳다.

위의 단락구분을 중심으로 살펴보았을 때 『삼국유사』에 나타나는 이야기는 크게 ①, ②, ③단락으로 이루어진 입무식(入巫式)의 통과제의 내용과 ④, ⑤, ⑥단락으로 이루어진 신혼제의(神婚祭儀)의 양상으로 구성되어 있음을 알 수 있다. 이는 웅녀를 중심으로 전개되므로 웅녀신화라 할 만하다. 환웅의 인간 세계를 다스린 이야기가 천신(天神)의 이야기라면 웅녀의 이야기는 신모(神母)의 이야기이다. 천신과 신모가 결합하여 지상의 풍요가 도래한다는 제의의 형태로 신모신화가 이루어졌다고 볼 수 있는 것이다.

수렵 유목 사회에서 농경 사회로 넘어가면서 민간계층은 지상에 정착하는 신에 대해 더 많은 관심을 쏟게 된다. 즉 농경 사회의 성격상 지상에 풍요를 제공할 땅의 신인 신모에게 관심을 갖게 되는데 주몽신화는 이 과정을 잘 보여준다. 천상에서 하강한 해모수에게서 자식을 얻은 유화가 알을 낳으니 이가 곧 주몽이라는 신화는 천신하강–혼사장애–결합–천신의 소멸이라는 구조를 잘 드러낸다. 특히 유화가 해모수에게 버림받고 아버지인 하백의 집에서 쫓겨나 금와왕에게 취해지는 과정이 현실과 싸워 이기는 주체적인 여인의 모습으로 그려져 있다.

고조선과 고구려에 이어 신라에는 선도산 성모 신화가 전해진다. 『삼국유사』의 '선도산성모수희불사건(仙挑山聖母隨喜佛事件)'에 의

하면 신모는 본래 중국 제실(帝室)의 딸이며 이름은 사소(娑蘇)였다고 한다. 일찍이 신선의 술법을 배워 해동(海東)에 와서 머물러 오랫동안 돌아가지 않았다. 이에 부황(父皇)이 솔개 발에 매달아 그에게 부치는 편지를 통해 솔개가 머무는 곳에 집을 지으라 했다. 사소가 편지를 보고 솔개를 놓아 보내니, 이 선도산으로 날아와서 멈추므로 드디어 거기에 지선(地仙)이 되었다. 때문에 산 이름을 서연산(西鳶山)이라고 했다. 신모는 오랫동안 이 산에 웅거해서 나라를 진호(鎭護)하니 신령스럽고 이상한 일이 매우 많았다. 그가 처음 진한(辰韓)에 와서 성자(聖子)를 낳아 동국(東國)의 처음 임금이 되었으니 필경 혁거세(赫居世)와 알영(閼英)의 두 성군을 낳았을 것이라고 기록은 추정하고 있다. 이 또한 북방계 신화와 농경사회의 신화가 융합되는 상황을 볼 수 있다.

고대로부터 전승되어 온 신모신화는 〈당금애기〉나 〈바리데기〉 같은 무조신화로 연결된다. 조선 시대의 유교적 가치관과 독립되어 존재해 온 무조신화이기에 여성 주체의 고난 극복의 관점에서 이야기가 전개된다. 당금애기의 고난에 가득 찬 천계 여행이나 바리데기의 극한 시련담이 그것이다.

4) 현대문학에 변용된 신모 원형

(1) 남성의 시선에 나타난 신모 원형

현대문학의 대표적 인물인 세 남성에게 신모가 어떻게 수용되는가 살피는 일은 재미있고도 보람되다. 먼저 서정주의 〈꽃밭의 독백－사소단장〉은 임신한 사소가 느끼는 생명에 대한 외경이 주조를 이루고 있다. 고난 극복의 강인한 여성이 아니라 생명을 잉태한 모성의 측면이 강조된다는 점, 이 근저에 흐르는 사고방식은 그의 작품 〈환웅의 생각〉에 명백하게 드러난다.

> 그래 우리 환웅께서는 영원히 이어 살아가는 마음의 목숨을 아는 자기 아들 딸을 낳아 기르자면 자기 아내가 될 색시부터 아무래도 덜 된 버릇은 몽땅 고쳐 놓아야만 되겠다고 작정하시고, 곰같이 어리석은 계집애 하나와 봄같이만 노는 계집애 하나를 골라 "너희는 햇빛을 바로 볼 자격이 없다"고 아주 깜깜한 데에 집어 넣어 버렸습니다. "참어라. 참어라. 제 아무리 쓰고 매운 고생이 닥쳐 오더라도 참고 견딜 줄을 알아야 사람 노릇을 제대로 하며 자손만대 이어가는 것이다. 아주 쓰디쓴 쑥하고 아주 매운 마늘만 어느 만큼씩 노나 줄 것이니 그것만 먹고 어디 잘 견디어 봐라. 잉. 끝까지 잘 견디는 여자걸랑은 내 마나님으로 해줄 자"고…….
>
> ―〈환웅의 생각〉 중에서

남자가 하늘, 여자가 땅을 의미한다는 사고방식은 남성이 우월하다는 사고에 의해, 두 단어에 각각 우월성과 열등성의 의미자질이 강화된다. 김동리의 〈달〉에는 여성이 땅, 혹은 자연으로 치환되며 신모의 잔영이 남성에 의해 아이를 잉태하는 매개로만 존재함을 볼 수 있다. 무당인 여주인공의 잉태 장면은 달빛이 여인의 몸에 스며드는 과정으로 변용된다.

반면 이효석의 경우에 잉태하는 여성의 존재가 부재(不在)로만 남게 된다. 조선달은 성서방네 처녀와 하룻밤을 보낸다. 세월이 지나 그때 잉태했던 아들을 만난다는 내용으로 〈주몽신화〉에서 주몽과 유리의 상봉만이 남은 격이다. 이 철저한 남성 중심적 서사는 어쩌면 일제 강점기 이후 70년대까지의 서사의 흐름을 나타내고 있는 듯하다.

(2) 여성 문학에 나타난 신모 원형

〈바리데기〉를 페미니즘적 관점에서 해석한 김혜순의 시도 의미 있으나 최근 베스트셀러로 떠오른 김별아의 〈미실〉은 신모의 주체적 성격이 강화된 것으로 보인다. 〈미실〉은 『화랑세기』에서 '미실'과 관련된 짧은 기록을 소설로 만든 것으로 신모신화의 변용으로 볼 수 있다. 미실은 왕을 색으로 섬기는 대원신통의 여인으로 태어나 수많은 남성들과 전략적으로 혹은 진정한 사랑을 나누면서 신라를 실질적으로 통치한다. 작가는 미실을 가혹한 운명을 딛고 진정한 사랑과 천하를 얻은 성공한 여인으로 그리고 있다.

5) 드라마 〈주몽〉과 전사로서의 신모

2006년 인기를 끌어 연장방영까지 한 〈주몽〉에서 유화와 소서노의 대비는 흥미롭다. 모성애로 뭉쳐 있는 유화의 모습도 강인하지 않은 바는 아니지만 백제의 신모격인 소서노의 활약상은 눈부신 바 있다. 소서노(召西奴)는 『백제본기』의 기록에 의하면 졸본사람 연타발의 딸로서 처음 우태(優台)에게로 시집을 가서 비류와 온조를 낳았고 우태가 죽은 뒤 졸본에 홀로 살았는데 그 후 주몽이 남쪽 지방으로 도망하여 고구려를 건국할 때 많은 도움을 주었으므로 왕비로 추대된다. 그러나 유리가 찾아오자 그녀는 두 아들을 이끌고 남하하여 백제를 세운다.

이 짧은 기록의 주인공인 소서노는 드라마에서 무예에 능하고 지략에 뛰어난 미모의 연인으로 그려져 고구려의 건국에 가장 큰 기여를 한 인물로 묘사되었다. 고난 극복에 초점을 맞춘 인물로 극 중에서 가장 시청자들의 주목을 받고 있다. 이는 현대인에게 신모의 저극성이 중요해진 까닭에서일 것이다.

6) 신모신화와 디지털 여전사와의 거리 좁히기: 게임의 경우

대너 해러웨이의 〈사이보그 선언문〉은 사회, 정치적 장치로부터 벗어날 수 없는 남녀의 성차를 사이보그적 속성을 통해 극복하려는 글이다. 사이보그는 인공두뇌의 유기체로 기계와 유기체의 잡종이며 허구의 피조물일 뿐 아니라 사회적 실재의 피조물이다. 사회적 실재는 우리가 체험하는 사회관계들, 우리의 가장 중요한 정치적 구성물, 세계를 변화시키는 허구이다. 사이보그는 지금까지 역사적, 사회적, 제도적 장치 안에서 여성적 경험으로 간주되었던 허구적 개념들을 변화시킬 수 있는 중요한 기제이다. 왜냐하면 사이보그 복제는 유성생식이 아닌 무성생식이므로 지금까지의 재생산 체계에 의한 성차를 드러내지 않기 때문이다. 이는 양치류 식물들과 무척추 동물들의 복제 방식을 복원한 것이기도 한데 이성애가 드러내는 남녀차별적인 속성을 사전에 예방할 수 있는 방법이라는 것이다.

기계와 유기체의 잡종이며 우리가 체험하는 사회관계들, 우리가 중요하게 생각하는 정치적 구성물, 세계를 변화시키는 존재로서의 사이보그에게서 무성생식을 읽어낸다는 사실은 놀랍다. 임신과 출산의 제약, 학습성 생모성애의 이데올로기를 극복한 존재로서의 여성 전사의 모습에서 우리는 신모의 두 요소 중 영웅 출산의 요소가 제거되어 있는 것을 보게 된다. 컴퓨터 게임에서의 여전사들은 해러웨이의 사이보그처럼 모성적 요소가 제거되어 있다. 그녀들은 아름답기는 하나 근육질이라는 점에서 중성적이기도 하다. 〈툼 레이더〉의 라라 크로프트를 생각해 보면 명확하다.

7) 시대에 따라 변하는 것과 변하지 않는 것

분명한 것은 성공한 스토리텔링은 신모의 보편성을 시대적 특수성과 유연하고 자연스럽게 연결시키고 있다는 것이다. 수렵계와 농경계, 혹은 북방계와 남방계의 세력 균형에 따라 신모의 모티프는 변모 양상을 보이며 무당의 여성적 지위가 보장된 무조신화에서는 고난 극복의 강한 이미지가 확대된다. 반면 일제 강점기에서 70년대에 이르는 시대의 남성 작가의 시점에서는 모성성이 한껏 강조되고 있다.

드라마나 영화에서의 변모 양상도 정확하게 일치한다. 〈주몽〉에서 전사로서의 모습이 강화된 소서노에게 시청자들의 시선이 집중되는 것은 21세기 여성의 우위가 보장된 시대 상황이 반영된 것은 아닐까? 우리는 사이버 여전사가 신파조의 청순가련형 소녀로 타락해버린 〈성냥팔이 소녀의 재림〉의 흥행 참패를 생각해 보아야 할 것이다. 그리고 게임, 여전사는 무성생식의 사이보그로서 전사의 속성을 완벽하게 드러낸다.

수 천 년 동안 한국에 나타난 신모 주제를 짧은 글에 다 소개한다는 것은 쉽지 않은 일이다. 그러나 거칠고 소략한 요약에서도 나타나듯이 한국문화의 오랜 역사 속에서 살아남은 '신모(神母)'의 주제는 시대와 지역에 밀접한 관련을 가지며 섬세한 변이 양상을 보이고 있는 것이다. 이제 "한국적인 것이 세계적인 것이다"라는 구호는 치밀한 고증과 시대적 맥락과의 변이 공식을 찾아낸다면 공허한 자기 합리화에 그치지 않고 중요한 모티프를 찾아낼 수 있을 것이다.[20]

20) 최혜일, 「포스트 한류의 미학적 과제와 전망」, 『시작』 6권 1호, 2007. 봄, pp. 40-51.

제 2 장

동아시아 서사를 바탕에 둔 한류 문화의 가능성

1. 이야기의 발굴
2. 한·중·일의 서사 교류 양상
3. 〈천녀유혼〉에 나타난 원천 서사로서의 인귀교구 서사
4. 〈천녀유혼〉의 현대적 변이 양상
5. 공유서사의 전망

제2장 동아시아 서사를 바탕에 둔 한류 문화의 가능성

1. 이야기의 발굴

2000년을 전후하여 가시적으로 드러난 한류 열풍은 지금까지 맥을 이어오고 있다. 물론 수출의 양이나 경제적 효과가 예전에 비해 주춤해졌고 혐한류(嫌韓流)의 역풍이 있다는 우려도 있기는 하다. 그러나 영화나 드라마에 국한되어 있던 장르적 한계에서 벗어나 패션, 광고, 음식, 스크린 골프장, 순수예술 등에까지 확산되고 있고, 한국어 열풍의 원인으로 한류가 꼽히는 등 단순 유행으로 시작되었던 한류 붐은 내재화의 측면에서는 성숙해진 느낌이다.

물론 방송 빈도 등과 같은 실질적인 콘텐츠의 노출은 확실히 줄고 있다. 얼마 전까지만 해도 중국의 60여 개 텔레비전 채널을 통해 언제든지 1−2개의 한국 드라마를 시청할 수 있었는데 2009년 초부터는 방영수가 반으로 줄었다.[1] 한국의 문화콘텐츠 수출은 꾸준히 증가하고 있지만 경제적 효과는 2005년부터 점차 줄어들고 있다는 보고

---

1) 서울신문, 2008.11.10, p. 6.

도 있다.[2)] 이런 현상에 대해 국제무역원은 '킬러 콘텐츠'의 부재를 중요한 원인으로 꼽고 있다. 과거 '욘사마' 등 인물에 국한되어 진행되어 온 한류의 시장 확대를 위해서는 핵심콘텐츠 위주로 바뀌어 진행 되어야 하는데 그렇지 못하다는 것이다.[3)]

이제 중요한 것은 스타가 아니라 이야기이다. 수용자들이 스타에 열광하는 것은 스토리텔링에 녹아 있는 캐릭터에 대한 환영이지 스타 그 자체가 아닌 것이다. '욘사마'와 같은 대형 스타를 탄생시킬 '킬러 콘텐츠'의 핵심은 시나리오인 것이고 한류의 지속 방안은 이 시나리오의 문법을 찾는 것이다.

그 문법을 찾는 방법 중 하나로 여기서는 한국, 중국, 일본 등 동아시아가 오랜 기간 공유해온 서사에 대해 논하고자 한다. 앞서 제2부의 3장에서 살펴보았던 〈공무도하가〉 서사를 다시 한 번 언급하겠다.

앞선 내용을 통해, 한국의 드라마 〈가을동화〉의 마지막 장면이 이 〈공무도하가〉의 그것과 일치한다는 점을 살펴보면서 이것이 중국에 수출된 한국 드라마들 가운데 〈가을동화〉가 특히 큰 반향을 불러일으킨 이유를 설명할 수 있다는 점을 언급했다. 즉 두 나라가 고대부터 죽음과 재생의 이미지로서 '물'의 이미지를 공유하고 있었기에 〈가을동화〉에 대해 동시에 감동할 수 있었다는 것이다.[4)]

이런 사례가 우리에게 시사하는 바는 크다. 결국 가장 중요한 것은 작품의 수준이고 그 수준의 핵심은 이야기인데 이 이야기의 생명력 중 하나가 수천 년 동안 생명을 유지해 온 보편 서사인 것이다. 그리하여 한류 문화의 지속을 위해 요구되는 것은 이야기의 발굴이다. 시

---

2) 세계일보, 2009.05.27, p. 4.
3) 경향신문, 2009.06.18, p. 17.
4) 최혜실, 『한류 드라마의 스토리텔링』, 새문사, 2007, pp. 43-47.

간의 부식을 견뎌온 이야기에는 틀림없이 사람들을 감동시키는 요소가 숨어 있다. 수천 년 동안 한국, 중국, 일본의 국민들 사이에서 소통되어 온 이야기를 찾아낸다면 그 콘텐츠의 성공 가능성은 커질 수밖에 없다.

이제 중국의 『전등신화』가 한국, 일본, 베트남에까지 큰 영향을 미쳤던 사례를 조사하고 역시 한국에서 큰 인기를 모았던 동일 모티프의 영화 〈천녀유혼〉을 분석하는 과정을 통해 한국 이야기의 가능성을 점치고자 한다. 이런 방법론은 〈무극〉, 〈비천무〉, 〈삼국지〉, 〈적벽대전〉, 〈묵공〉 등 한·중 합작 혹은 중국의 모티프들을 끌어와 제작하는 최근 한국 영화의 경향을 설명하고 그 문제점과 보완점을 짚는 데도 유효하리라 본다.

2. 한·중·일의 서사 교류 양상－『금오신화(金鰲新話)』, 『전등신화(剪燈新話)』, 『가비자(伽婢子)』를 중심으로

1) '귀신론(鬼神論)'에 대한 한·중 비교

유교에서는 예로부터 '귀신'의 존재가 진지하게 연구되어 왔다. 주희에 의하면, 존재하는 모든 것이 기(氣)의 결합에 의해 만들어지는데 이 기는 끊임없이 선회하며 운동하는 그 무엇이다. 마찬가지로 귀신도 음양의 굴신(屈伸)하는, 즉 운동하는 기에 다름 아니다. 그렇다면 그것을 음양이라고 말할 수도 있겠지만, 양능(良能)과 공용(功用)

을 갖추고 있을 수도 있는데 굳이 귀신이라고 부르는 것이다.

그렇다면 사람이 죽으면 그의 혼백(魂魄)인 기가 흩어지는 것은 당연한데 어떤 경우에 예외적으로 기가 없어지지 않고 남아서 빙의(憑依)하는가? 주희에 의하면 그것은 쉽게 죽음을 받아들이지 않을 경우에 생긴다. 예를 들어 형벌을 받아 죽거나 자살한 사람은 죽음을 쉽게 받아들이지 않기 때문에 기가 흩어지지 않고 뭉쳐 있다. 주희는 죽음을 편안하게 받아들이면 그런 일은 일어날 수 없다는 사실을 밝힘으로써 귀신의 출현이 바람직하지 못함을 시사하고 있다. 그는 귀신이란 존재는 기(氣)와 이(理)의 결합이기는 하나 그 결합의 방식이 정상적이지 못하고 기의 레벨에 있어서도 왜곡되고 뒤틀린 것이라고 본다.

재미있는 사실은 주희 또한 결과적으로는 기의 정상적인 발현이 불가능해지는 현실에 진지한 관심을 보이고 있다는 것이다. 귀신이 빈번하게 등장하는 신이한 사건들이 발생하는 현실이 오히려 이상한 것이 아니라 판단될 정도로 세상은 정상적인 순리에 어긋나 있다. 따라서 이 현실을 극복하기 위해 정상적인 이(理, 常理)의 회복, 즉 예(禮)의 회복이 필요하다는 것이다.

여기서 유교의 혼백론(魂魄論)에 대해 종합적으로 정리할 필요가 있다. 혼백은 음양사상의 관점에서 인간의 영혼을 음(陰)과 양(陽)으로 나누어 전자를 혼으로 후자를 백으로 보는 개념이다. 혼백은 신령을 지칭하며 본래 형기(形氣)에서 생겨났는데 형체와 정신이 각각 다른 까닭에 혼과 백도 다르다. 형체에 부합된 영혼인 백은 처음 태어날 때 눈과 귀로 사물을 인식하고 손과 발을 움직이며 울면 소리가 나는 것을 말하며 백의 령(靈)이다. 기에 부합된 혼이란 정신이 사물을 이해하고 점점 아는 바가 쌓이는 것을 말하는데 이것이 혼의 신

(神)이다. 즉 인간의 지적인 활동이나 기억, 경험의 축적 등은 '혼'의 역할이고 손발을 움직이거나 사물을 인식하는 것은 '백(魄)'의 영역에 해당한다.

그렇다면 귀신은 무엇인가? 자산에 의하면 귀신은 이 혼백이 다른 사람의 몸에 붙어서 나타나는 것이라 한다. 한편 「예기(禮記)」의 주장은 이 견해와 다소 차이가 있다. 죽음은 일차적으로 혼백의 분리를 의미한다. 사람이 죽으면 이 둘은 해체되어 음의 성질에 속해 육체를 관장하던 백은 땅으로 내려가 귀(鬼)가 되며 양의 성질에 속해 정신을 관장하던 혼은 하늘로 올라가 신이 된다.[5)] 혼백론은 공자 이후 주희에 이르기까지 다소의 변이를 보이며 중국 철학의 맥을 이어왔다.[6)]

우리나라 유학자들도 대체로 이 범위 안에서 귀신을 이해했던 것으로 보인다. 근세 유학자 성호 이익(星湖 李瀷)은 정자, 주자 등을 예로 들며 귀신을 설명하고 있다. 사람이 죽었을 때 육신이 분리되는 영혼은 귀(鬼)와 신(神)으로 나누어지지만 이것은 음양의 이치와 같아서 합일체로 보는 것이 맞다는 것이다. 사람이 죽으면 대체로 육체에서 분리되어 존재하는 것이 있는데 이것을 귀(鬼)라고 부르며 귀신(鬼神)이라고 통칭한다.[7)]

---

5) 이용주, 「주희의 정통의식과 귀신론」, 『종교문화연구』 2호, 한신인문학연구소, 2000, pp. 1-12(전자저널).
박지현, 「중국의 영혼 관념과 혼백설」, 『중국문학』 38호, 한국중국어문학회, 2002, pp. 31-44.

6) 최혜실, 「가상공간의 환상성 연구-동서양 영혼관의 비교를 중심으로」, 『인문콘텐츠』 8호, 2006.12, pp. 221-222.

7) 김현룡, 「한국 고대 귀신관계설화 연구」, 『건국대 학술지』 24집, 1980, pp. 61-62.

2) 자연물에 깃든 귀신에 대한 양국의 사상

중국 영화 〈천녀유혼(倩女幽魂)〉에는 나무귀신이 등장한다. 여기에서 주목해 볼 수 있는 것은 한국과 중국이 각각 나무귀신에 대한 사상과 설화를 보유하고 있다는 것이다.

이육(李陸, 1438～1498)의 저록(著錄)에는 한 가정을 지켜 주는 목신(木神)에 대한 이야기가 수록되어 있다. 홍인문(興仁門) 안에 있는 파성군(坡城君) 윤금손(尹金孫)의 집 앞에는 큰 괴수(槐樹)가 있었다. 하루는 밤에 사위가 사청(射廳) 앞을 지나다가, 무술을 겨루는 많은 무사(武士)들과 부딪쳐 무례하다고 구박(拘縛)을 당해 고통을 겪고 있었는데, 한 장부(丈夫)가 많은 군중(群衆) 속에서 나와서는 왜 우리 집 주인을 이러느냐고 야단치고, 구해서 옹호하여 집에까지 데려다 주었다. 집에 돌아와서 뒤를 돌아보니, 그 장부는 괴수 밑에서 사라졌다는 것이다. 이 장부가 괴수귀(槐樹鬼)임에 틀림없으며, 모여서 무술을 겨루던 사람들도 또한 귀병(鬼兵)들이라는 내용이다.

미추왕(未鄒王)이나 김유신(金庾信)의 귀병(鬼兵)이 국가를 진호(鎭護)해 주고 있는 것과, 파성군 집 앞의 괴수귀가 그 집안사람을 보호해 주는 관계는 동일한 귀신관에서 나온 사실임을 알 수 있다. 이 괴수귀의 호택설화(護宅說話)는 「송와잡설(松窩雜說)」에도 다소 변형되어 게재되어 있다.

그런데 고대의 귀신관은 한국과 중국이 큰 차이가 없었던 것 같다. 중국 고대의 동류설화 한 가지를 소개해 보기로 한다.[8)]

---

8) 앞의 글, pp. 69-71.

> 豫章諸縣은 좋은 재목을 내고 있어서 많은 사람이 재목을 채취하러 가는데, 특히 廣陵地方은 그 이익을 몇 배나 얻을 수가 있었다. 天寶 5년에 楊溥라는 이가 몇 사람을 데리고 엄동설한에 갔었는데, 밤에 쓰러진 나무둥치 속에서 같이 자게 되었다. 그때 대표자가 山林을 향해 빌기를, '土田公께서는 보호하여 주소서' 하고 3번을 拜祝했다. 밤중에 어떤 사람이 '張禮'를 부르니 나무 위에서 대답을 하는 것이었다. 그 사람은, 北村에 잔치가 있는데 酒食이 많으니 가자고 했다. 나무 위의 사람은, 여기 손님이 보호해 달라고 부탁을 했는데, 黑狗子가 해치려고 하기 때문에 아침까지 보호해야 하므로 갈 수 없다고 대답했다. 부르던 사람은 한 번 더 간청해 보다가는 혼자 가 버렸고, 아침에 사람들이 일어나 자리 밑을 보니, 독사가 힘을 못 쓰고 엎드려 있더라는 것이다.[9)]

즉 양국은 인간의 힘으로 제어되지 않는 자연물에는 모두 신이 깃들어 있다는 생각이 팽배해 있음을 알 수 있다. 그리고 인간이 자연물을 신으로 받들어 모시면 일단 신이 붙는 것으로 생각하는 사상도 흥미롭다.

3) 한·중·일 소설의 교류 양상

(1) 『金鰲新話』, 『剪燈新話』, 『伽婢子』 등장의 시대적 상황

15세기에 동아시아에서 중국의 전등신화(剪燈新話)를 수용하면서, 한국의 금오신화(金鰲新話)와 베트남의 전기만록(傳奇漫錄), 그리고 일본의 가비자(伽婢子) 등의 초기소설이 탄생하였다. 이러한 초기소설

9) 『紀聞』에 실렸던 것을 『太平廣記』 권 331에 수록, 위의 글, p. 71 재인용.

들은 공통적으로 한문 또는 문어체를 사용하여 각국의 서사문학 발전에 큰 영향을 미쳤다. 구우(瞿佑; 1347~1433), 김시습(1434~1493), 응웬 즈(阮嶼), 아사이 료이(淺井了意; 1612?~1691) 등이 쓴 전기소설류는 매우 유사한 내용과 구조를 지니고 있어 당시 동아시아의 서사교류의 긴밀성을 짐작할 수 있게 한다.

동아시아가 이처럼 동일 서사를 모방하면서 서로 영향을 주고받았다는 사실은, 그 모방충동이 국가의 내부적 상황에서 기인했음을 의미한다. 14~17세기 동아시아 역사에서는 무력에 의한 정권 교체와 집권의 명분을 정립하기 위한 유불사상의 교체, 그리고 이에 대한 지식인 계층의 몰락 현상이 공통적으로 나타나고 있다.[10]

『전등신화』 출현 당시 중국은 주원장이 명나라를 건국한 후 후계자 및 건국공신 등용 문제로 사회가 극심한 혼란에 빠져 있었다. 주원장의 후계자로 당시 나이 16세에 건문제가 1398년에 즉위한 다음 신진 개혁세력의 건의를 받아들여 번왕(藩王)들의 횡포를 척결하려고 하였다. 이때 주원장의 넷째 아들인 연왕(燕王) 주체(朱棣)가 위기를 느껴 불교 승려 요광효(姚廣孝)를 모사(謀士)로 삼아 잔여 세력을 규합하여 조카인 건문제를 치고 정권을 장악하였다. 이에 따라 개혁세력의 주축이었던 유학자들이 저항하였고, 그 대표적인 인물이 절강성 출신 방효유(方孝孺; 1357~1402)이다. 연왕의 찬탈에 분노하여 '연적찬위(燕賊簒位)'라고 글을 쓰고 저항하자 연왕은 방효유를 중심으로 십족(十族)을 찾아 무참하게 학살하였다. 자연히 주자학의 적통(嫡統)을 주장하는 방효유를 중심으로 한 강남의 금화학파(金華學派)가 몰락하게 되고 역모를 성사시킨 요광효의 공헌으로 불교가 새롭게 발

10) 안동준, 「동아시아 초기소설의 성격」, 『배달말』 28집, 2001, p. 213.

전하였다.

이는 『금오신화』 제작 당시의 상황과 흡사하다. 문종의 요절과 단종의 등장, 세조의 왕위찬탈과 사육신의 죽음, 이후 세조는 유교 세력을 무마하고 왕권의 명분을 확립하기 위해 간경도감(刊經都監)을 설치하여 불경번역 사업을 추진하는 등 불교진흥 정책을 펼쳤다. 그러나 한편으로는 찬탈에 가담한 정난공신(靖難功臣)들이 사육신의 가족들을 노비로 삼고, 그들의 재산을 강탈하여 부를 축적하는 등 만행을 자행하여 항간에는 귀신 이야기가 만연하였다.

일본의 경우는 오닌(應仁)의 난으로부터 시작된 하극상의 풍조가 도요토미 히데요시(豊臣秀吉) 시대에 접어들면서 일단락되었다. 하지만 1600년에 세키가와라(關原)의 전투에서 이시다 군사(石田軍)을 격파한 도쿠가와 이에야스(德川家康)가 부상하면서 하극상의 불씨는 되살아났다. 그는 충성을 맹세했던 히데요시의 후계자 히데요리를 오사카성에 고립시키고, 화해를 조건으로 방어체제를 와해시킨 뒤에 제거하였다. 그 후 도쿠가와 이에야쓰(德川家光; 1604~1651)가 사망한 그해 7월에 지방의 영주인 마쓰다이라 사다마사(松平定政)가 막부정권을 비판하고 출가하였고, 낭인(浪人)인 유이 쇼세쓰(由井正雪; 1605~1651)와 마루바시 츄야(丸橋忠彌; ?~1651) 등이 2천여 명의 낭인을 규합하여 막부체제 전복을 꾀하는 게이안(慶安) 사건이 일어났다. 그리고 이듬해 에도의 낭인들이 로쥬(老中)를 암살하려는 죠오(承應) 사건이 일어났다. 변란을 일으킨 이들 낭인들은 일명 로닌(牢人)이라고도 하는데, 막부가 강행한 무단 정책의 여파로 주군을 잃고 봉록을 상실한 무사들이었다. 세키가와라(關原) 전투와 오사카 전투 이후 이들 낭인의 수는 수십만 명에 이르렀고, 막부 창업기에는 다이묘(大名)의 개역(改易)과 감봉(減俸) 등에 의해 날로 증가하여 커

다란 사회적 문제가 되었다.[11)]

즉 삼국은 극심한 혼란기에 살인과 몰락이 행해지는 처참한 상황을 겪어야 했고, 그 과정에서 자연스럽게 삶과 죽음, 그리고 인생에 대해 허무를 느낄 수밖에 없었다. 그리고 이런 시대적 상황에서 사람들은 귀신과 인간의 교류를 통한 사랑과 죽음의 문제, 시대의 풍자나 비판 등에 매력을 느꼈을 것이다.

(2)『금오신화』, 『전등신화』, 『가비자』의 영향관계

『전등신화』가 『금오신화』에 영향을 주고, 『금오신화』와 『전등신화』가 『가비자』에 영향을 주었음은 이미 규명된 바 있는 역사적 사실이다. 예를 들어 『가비자』에는 총 68편 작품이 수록되어 있는데, 이 중에 2편이 『금오신화』를 토대로 삼아 번안한 작품이다. 제1권 제1편 「龍宮の上棟」은 「용궁부연록(龍宮赴宴錄)」을 번안한 작품이고, 제8권 제3편 「歌お媒として契る」는 「이생규장전(李生窺墻傳)」을 번안한 작품이다.[12)]

그런데 중국인이 『금오신화』의 영향을 받아 이를 개작한 소설을 낸 사실도 있어 흥미롭다. 민국 9년(1920)에 천진에 소재한 직례교육인서처(直隸教育印書處)에서 윤온청의 원고본 위주로 편찬한 『고찰교육일기(考察教育日記)』라는 책자를 출판했다.

『동해유문자서(東海遺聞自敍)』에는 윤온청이 『동해유문』을 편찬한 과정이 소상하게 적혀 있다. 그는 어려서부터 매일 책상 속에 파묻힐

---

11) 앞의 글, pp. 214-218.

12) 박현규, 「중국에서 改修된 〈금오신화〉 작품, ≪동해유문≫ 〈李生〉과 ≪梁生≫」, 『한중인문학연구』 제13집, 2004.12, p. 366.

정도로 독서를 좋아했다. 특히 그의 독서 패턴이 옛것을 싫어하고 새로운 것을 좋아하여 신서(新書) 출판 소식을 들으면 이를 구입하거나 빌려보곤 했다. 그는 광서 29년(1903)에 일본에서 유학할 때에 동경 칸다쿠 니시키초(神田區 錦町)에 거처를 정하고 있었다. 그곳은 지금도 유명한 서점 거리인 칸다초(神田町)와 이웃하고 있었는데 그는 휴일마다 그곳을 돌아다니며 서책을 모았고, 그러던 어느 날 한문 소설 몇 권을 구입하게 되었다. 그는 이 책자들을 읽어보고 명인들의 행적이 기술되어 있어 정사(正史)를 보완할 수 있다고 보았으나, 한문 문장이 동인(東人・일본인과 조선인)들이 기술한 관계로 다소 껄끄러운 맛을 띠고 있다고 생각했다. 그는 이 책자의 문장을 윤문하려는 계획을 세웠다. 그러나 겨를이 없어 책 상자에 접어두고 뒷날을 기약했다. 민국 원년(1912)에 그는 천진에서 의원 활동을 하면서 바쁘게 움직이고 있었다. 이해 여름에 무더위가 기승하여 새벽녘이 되어서야 겨우 날씨가 선선해졌다. 이때 그는 우연히 책 더미 속에서 이 책자를 찾아보고 옛 계획이 떠올라 그 즉시 윤문 작업을 가하게 되었다. 윤문 부분은 전체 중에 4, 5할 정도로 상당한 편이나, 그래도 여산(廬山)의 본래 모습을 잃지 않았다고 했다.[13] 앞쪽 34편은 모두 일본 인물과 관련된 전기(傳奇)소설이고, 마지막 2편이 바로 『금오신화』를 개수한 한국 소설이다. 「李生」은 「이생규장전」을 개수한 작품이고, 「梁生」은 「만복사저포기(萬福寺樗蒲記)」를 개수한 작품이다. 이로써 우리는 근대의 중국인이 역시 한국의 귀신 이야기에 흥미를 느꼈던 사실을 확인할 수 있다. 즉 중국인이 일본에 와서 한국의 귀신설화에 흥미를 느끼고 이를 개작하였다는 사실은 삼국이 공통적으로 이 모티

13) 위의 글, pp. 453-454.

프에 대해 친근함을 갖고 있었음을 의미하는 것이다.

참고로 삼국 소설의 내용 비교표는 다음과 같다.

〈剪燈新話〉	〈金鰲新話〉	〈伽婢子〉
滕穆醉遊聚景園記	만복사저포기(萬福寺樗蒲記)	幽靈に契る
令狐夢冥夢錄	남염부주지(南炎浮洲志)	地獄を見て蘇へる
翠翠傳	이생규장전(李生窺墻傳)	歌の媒として契る
水宮慶會錄	용궁부연록(龍宮赴宴錄)	龍宮の上棟
鑑湖夜泛記	취유부벽정기(醉遊浮碧亭記)	(缺)[14]

3) 최치원의 〈쌍녀분〉 설화의 중국과의 영향 관계

『신라 수이전』에 「쌍녀분기(雙女墳記)」가 실려 있는데 줄거리는 다음과 같다. 최치원이 열두 살의 나이에 당나라에 유학하여 건부 갑오년에 과거시험에 급제, 율수 현위를 제수받았다. 현 남쪽 경계에 초현관의 옆 언덕, 옛무덤에 쌍녀분을 발견하게 된다. 그가 두 여인을 위한 시를 짓자 밝은 달밤 여인이 나타나고 이에 감동한 여인들은 사의를 표하며 자신들의 처지를 밝힌다. 그들은 율수현 초성향 장씨의 두 딸로서 재주가 뛰어남에도 부모가 소금장수와 차장수에게 혼사를 정하여 울분과 수심으로 요절하고 말았다는 것이다. 시와 술로서 즐기고 그날 밤 셋은 운우지락을 누린다. 다음날 아침 최치원은 그 장소가 황폐한 무덤이었던 것을 알고 두 사람의 영혼을 시로 위로하였다. 고국으로 돌아온 후 최치원은 산림의 절을 떠돌며 여생을 마쳤다.[15]

14) 한영환, 「"전등신화, 금오신화, 가비자"의 비교고찰」, 『동방문학비교연구총서』 1권, 1985.01, p. 365.

그런데 이 설화가 중국의 기록에 소상하게 실려 있다. 송(宋)사람 장돈이의 『육조사적편류』의 권하(卷下)에 있는 「쌍녀묘(雙女墓)」에서 그는 최치원의 「쌍녀분기」를 이렇게 소개하고 있다. 계림 사람 최치원이 당나라 건부연간에 율수현위에 임명되어 초현관에서 쉬고 있는데 앞 언덕에 쌍녀분이라는 무덤이 있어 그 내력을 아는 자가 없자 자신이 시를 지어 위로하였다. 이날 밤 감동한 두 여자가 사의를 표하며 신분을 밝히고 술 마시며 이야기하다가 아침에 헤어졌다는 것이다.[16]

이 쌍녀분이 율수현 남쪽 백십 리 되는 곳에 실제 있었음은 물론이고 최치원이 당나라에 유학 갔던 시절 이런 종류의 설화가 대유행이었던 것도 중요하다. 즉 중국과 한국은 당나라 이래로 이런 설화들을 긴밀하게 서로 주고받았던 것이다.

3. 〈천녀유혼〉에 나타난 원천 서사로서의 인귀교구 서사(人鬼交媾 敍事)

1) 영화의 원전인 「섭소천(聶小倩)」과 『전등신화』와의 관계

위진남북조 시대의 지괴소설(志怪小說)에 이어 송대(宋代)에는 이제까지의 문언소설을 집대성한 『태평광기(太平廣記)』가 나왔다. 명대에는 『전등신화』 등의 작품이 후대에 큰 영향을 미친다. 이런 전통이

15) 李劍國·崔恒, 『新羅殊異傳考』, 중문, 2000, pp. 169-206.
16) 위의 책, p. 39.

청대의 『요재지이』로 이어지는데 500편 가까운 문언 단편소설이 수록되어 있고 귀신과 여우를 등장시켜 환상적인 초현실세계를 그려내면서도 현실세계를 반영·풍자하고 있다. 즉 「섭소천」은 내용과 사상에 있어 『전등신화』에 나타난 귀신이야기와 밀접한 관계를 지닌다.

그런데 『전등신화』는 『금오신화』에 큰 영향을 미쳤고 이런 영향 관계는 당나라 이래로 개화기까지 한국과 중국 간에 꾸준히 계속되어 왔던 전통이다. 그중 내용이 흡사한 「승목취유취경원기(滕穆醉遊聚景園記)」와 「만복사저포기(萬福寺樗蒲記)」, 그리고 「섭소천(聶小倩)」을 비교해 보기로 하자.

「승목취유취경원기(滕穆醉遊聚景園記)」

원나라 연간 절강성의 등목이라는 젊은 선비가 임안의 산수경치를 구경하러 서호 십경으로 놀러갔다. 칠월 보름, 멸망한 송나라의 건물인 취경원에 올라 시를 읊으니 아름다운 여인이 화답시를 읊은 후 달려왔다. 알고 보니 그녀는 송나라 이종 때의 궁녀로 스물 셋에 죽은 귀신이었다. 그녀는 시녀를 시켜 주안상을 차리게 한 후 둘은 건물로 들어가 동침하였다. 그 후 그녀는 등목의 집까지 따라가 삼 년을 인간과 다름없이 지내다가 어느 날 홀연히 사라져버렸다.[17]

「만복사저포기(萬福寺樗蒲記)」

전라도 남원의 양생은 만복사에서 부처님과 저포놀이를 자청하여 승리, 아름다운 인연을 정해줄 것을 청한다. 그러자 문득 한 여인이 나타나 부처님께 소원을 빌며 인연을 점지해줄 것을 간청하는 것을 보게 된다. 양생은 여인을 퇴락한 만복사 법당 행랑채의 작은 방에 데리고

17) 구우, 최용철 역, 『전등삼종』, 소명출판, 2005, pp. 143-152.

가서 운우의 정을 나누었다. 나중에는 시녀까지 동석해서 술과 시를 교환하며 즐거운 시간을 보낸다. 나중에는 쑥밭의 자기 집으로 안내해서 운우의 정을 나누고 은잔을 정표로 주기까지 한다.

알고 보니 그 아가씨는 왜구의 난에 죽임을 당하여 미처 장례조차 치르지 못하고 개녕사 곁에 묻힌 양가집 규수였다. 이 사실을 알게 된 부모와 스님이 혼백을 달래니 혼백은 저승으로 사라져 간다.[18)]

「섭소천(聶小倩)」

절강성 출신인 영채신이 일이 있어 금화에 갔다가 성의 북쪽에 있는 어떤 절에 여장을 풀었다. 그 절에는 연적하란 서생이 살고 있었다. 달이 밝은 그날 밤 북쪽 창가를 보니 소천이라는 처녀와 중년 여인, 할머니가 대화를 나누고 있었다. 막 잠이 들려는 순간 창가에서 보았던 그 여인이 찾아와 유혹하려 하나 꾸짖어 물리쳤고, 처녀가 두 번째로 찾아와 준 황금조차 물리쳤다. 그 다음날 동쪽 승방에 묵었던 유생이 발바닥 한가운데 송곳으로 찌른 듯한 작은 구멍에 피를 흘리며 죽어 있었다.

한편 영채신의 의협심에 감동한 소천은 야차인 할머니의 위협을 피할 수 있는 방법을 가르쳐 주고 자신의 유골을 다른 곳에 묻어줄 것을 부탁한다. 그가 위기를 벗어나고 소천의 부탁을 들어주자 소천은 그의 집에까지 따라와 부부가 되어 아들을 낳고 잘 살았다.[19)]

네 이야기는 한 남성(서생, 혹은 세금징수원 등)이 퇴락한 절이나 궁전에서 우연히 젊은 여인을 만나고 시를 교환하며 사랑을 나누었는데 알고 보니 귀신이었다는 기본 서사가 동일하다는 특징이 있다. 이는 「섭소천」이 명나라 때의 『전등신화』의 영향을 직접 받았으며 이

18) 김규태 편, 『한국고전문학대계』, 명문당, 1991, pp. 75-87.
19) 포송령, 김혜경 역, 『요재지이』, 민음사, 2002, pp. 167-192.

는 역시 『전등신화』와 직접적인 영향 관계에 있는 『금오신화』와도 같은 서사를 공유한다는 사실을 의미한다. 그리고 이 서사는 최치원의 「쌍녀분기」와도 일치한다. 중국에서 제작된 〈천녀유혼〉이 한국에서도 큰 반향을 불러일으켰던 이유 중 하나가 이로서 설명되는 셈이다. '인귀교구설화'는 오래전부터 중국과 한국이 공유한 서사였던 것이다.

2) 동아시아 서사로서의 인귀교구(人鬼交媾) 서사

'인귀교구(人鬼交媾)'의 모티프를 지닌 서사는 신라 시대부터 중국과 긴밀한 관계를 지니며 발전해 왔다. 「쌍녀분기」는 당나라 유학 경험이 있었던 최치원이 당대에 융성했던 전기소설의 형식을 빌려 시대에 적응하지 못하는 자신의 소회를 토로한 서사이다. 이렇게 축적된 한국의 인귀교구 서사는 다시 『전등신화』의 영향을 받으며 조선 초기 『금오신화』에 이르러 만개한다.

다시 말해서 『금오신화』가 『전등신화』의 영향을 받은 이유는 이미 그 전에 당대부터 인귀교구 서사를 한국과 중국이 공유하고 있었기 때문이다. 이런 서사의 축적이 있었기에 김시습은 아무런 저항감 없이 중국의 소설을 받아들일 수 있었던 것이다. 이는 일본의 경우도 마찬가지일 것으로 보인다. 그리고 근대 초기 중국인이 일본에서 한국 소설을 개작한 것도 같은 이유에서일 것이다.

그리고 이 영상의 시대에 수천 년의 한·중·일 교류의 역사가 담겨진 귀신교구 서사를 원천으로 영화가 만들어졌고 역시 문화적 공감대가 형성되어 있는 한국인은 〈천녀유혼〉에 열광하게 된다. 이 열광의 원인을 사업가의 동물적인 감각으로 간파한 제작자들은 〈무극〉,

〈중천〉, 〈비천무〉, 〈묵공〉 등 공유 서사를 기반으로 한 영화를 계속 제작하고 있는 것이다.

4. 〈천녀유혼〉의 현대적 변이 양상 – 작품에 나타나는 '낭만적 사랑'

1) 「섭소천」에 나타난 중세적 질서와 욕망 사이의 갈등 구조

현대 연구자들은 흔히 「섭소천」의 주제가 귀신과 인간의 사랑이라 규정한다. 그러나 실제로 작품 속의 어느 구절에도 '영육 조화의 사랑'이란 의미나 혹은 남녀의 사랑을 의미하는 상징들이 나오지 않는다. 한밤중에 영채신을 찾아와 유혹하는 귀신에게 그는 이렇게 꾸짖는다.

> "남들의 입질에 오르고 싶소? 나 또한 다른 이의 한가한 말을 두려워하는 사람이라오. 자칫 한번 실수로 염치와 도리를 모두 잃어버리고 싶은 거요?"[20]

다시 돌아온 귀신이 이번에는 황금 덩어리를 올려놓자 영채신은 다시 이렇게 소리를 지른다.

> "의롭지 않은 재물로 내 호주머니를 더럽히려 들다니!"

---

20) 「포송령」, 김혜경 역, 앞의 책, p. 169.

그에게 이런 사랑의 행위는 '의'롭지 않은 것이다. 남녀 간의 사랑을 거부하는 그의 태도에 귀신은 감동한다. 영채신이 '심지가 굳은 이'이고 '인품이 훌륭하기' 때문에 그에게 굴복하고 살아남을 수 있는 방안을 알려준다. 영채신의 '신의'가 대단하기 때문에 그의 첩이 되어 '은혜를 갚기'를 원하여 결혼을 청하는 것이다.

만약 영채신이 소천의 매력에 빠져 하룻밤 운우의 정을 나누었다면 그는 귀신의 재물이 되어 죽음을 당하였을 것이다. 역설적으로 말해서 영채신은 사랑을 거부하고 금욕을 지켰기 때문에 목숨을 건진 것이었고 자신의 뼈를 거둬 조용한 곳에 묻어달라는 귀신과의 약속을 지켰기 때문에 소천과 결혼할 수 있었다. 즉 소천과의 결합은 의(義)와 신(信)의 결과물이었지 애(愛)가 아니었다. 소천이 영채신과의 결혼을 원했던 것도 요괴의 억압으로부터 벗어나게 해준 것에 대해 은혜를 갚기 위해서였다.

전체 줄거리는 한 서생과 귀신이 우연히 만나 결혼하게 된다는 것이고, 귀신과 인간이라는 불가능한 상황을 뛰어넘는 요소는 바로 '사랑'일 것이라 누구나 짐작하지만 실제 작품 표면 구조의 주제는 의와 예를 존중한 사람이 보답을 받는다는 것이다. 그리고 이때 의와 예는 어떻게 측정되고 판단되는가 하면 여인의 유혹으로부터 자신의 욕망을 억제하는 정도이다. 그리고 이 욕망을 적절히 잘 억제한 사람에게는 다시 여인의 육체를 보상받음으로써 평생 욕망의 충족을 받게 된다는 이율배반이 나타나게 된다.

이처럼 남녀 간의 욕망과 신의와 예의 중요함이란 이질적인 주제가 한 군데 엮여 있는 것은 유학이 지니는 이원론적 사상—인간의 육체와 정신을 분리, 후자를 우위에 놓는 사유구조—에서 비롯된 것으로 보인다. 그리고 욕망과 질서라는 그 큰 틈새를 채워주는 플롯이 여자귀신이란 캐릭터의 설정이다.

최근 연구자들은 유령이나 괴물들이 '타자성'을 은유하는 것이라 주장하고 있다. 우리에게 낯선 것, 우리가 잘 모르는 것에 있어서 흔히 '악'의 개념이 부각되어 나타난다. 이방인, 외국인, 주변인, 사회의 일탈자, 낯선 것은 흔히 사탄, 마귀, 악마로 정의된다.[21]

예를 들어 드라큘라는 이방인 이교도를 은유하는 경우가 많다. 많은 판타지 영화에서 괴물, 유령은 정상적인 질서를 위반하고 대신 들어앉으려는 그 무엇이며 영화의 구조는 그 충돌의 과정을 다루고 있다.[22] 한국 서사물에서 여귀(女鬼)는 이 타자성의 공식에 잘 들어맞는다. 여자귀신 이야기는 공식적 목소리를 지니지 못하는 조선 여성들의 억압된 욕망의 분출로 볼 수 있다. 억울하게 죽은 '자살귀'의 환영들은 당대 세계가 간과하고 누락시킨 의지와 욕망을 환기시킴으로써 현실적 제도와 이념의 폭력성에 저항하지만 궁극적으로는 은폐와 망각의 환영물로 추방당함으로써 영원히 현실에서 격리된다.[23] 여성의 타자성은 근대 한국 영화에서도 '귀신'으로 은유된다. 한국 공포 영화에서 남성 판타지가 여귀(女鬼)를 창조하고 또 여귀가 출현하여 문제를 일으키고 해결하는 과정에서 가부장제의 억압이 부분적으로 분출된다는 것이다. 즉 여기서 유령은 사라지기를 거부하는 그 무엇인가의 주장을 드러낸다.[24] 한편 귀신 이야기가 인간과의 성 접촉의 구조로 되어 있음에 착안하여 욕망과 억제의 은유로 설명하려는 시도도 있다.[25]

---

21) 로즈매리 잭슨, 서강여성문학연구회 역, 『환상성』, 문학동네, 2001, pp. 74- 75.
22) 제라르 랜, 윤현옥 역, 『판타스틱 영화와 그 신화들』, 도서출판 정주, 2001, p. 26.
23) 최귀숙, 「불멸의 존재론, '한'의 생명력과 '귀신'의 음성화」, 『열상고전연구』제16집, 2002, p. 352.
24) 김소영, 『근대성의 유령들』, 씨앗을뿌리는사람, 2000, pp. 31-39.

인귀교구 설화에서 귀신은 대부분 여성이다. 드물게 남성일 경우는 '신이한 탄생'의 유래담일 경우가 많다. 즉 영웅 탄생의 기제로 그 영웅의 신이함을 드러내기 위해 취하는 경우이다. 귀신이 여성일 경우 이는 억압된 중세의 욕망이 표출되는 알리바이인 것이다. 아무리 엄한 도덕률이 있는 사회에서도 인간의 욕망은 존재하는바, 그것의 분출 방식이 그 사회에서의 타자인 여성을 귀신으로 상정함으로써 남성의 욕망의 대상이 되면서 사라져가는 존재로 표상되는 것이다. 중세 한국, 중국, 일본에 나타나는 인귀교구 설화는 많은 경우 이에 해당한다.

2) 〈천녀유혼〉(1959)에 나타난 욕망과 낭만적 사랑의 불협화음

1959년에 제작된 〈천녀유혼〉은 「섭소천」이란 원전을 비교적 충실하게 따르는 과정에서 구조상의 모순을 표출하고 있다. 이때 제작된 작품은 후대에 비해 훨씬 원전에 가깝다. 첫째, 귀신에게 당한 희생자의 발바닥에 구멍이 나 있고 피가 흐르는 방식, 둘째, 북쪽 화원에서 한 여인이 다른 할머니들과 대화를 나누는 장면, 셋째, 미모와 황금으로 유혹하는 장면 등이 같다. 그러나 무엇보다도 동일한 것은 작품에 나타나는 두 남녀의 관계가 현대인이 생각하는 '사랑'이라기보다는 '신'과 '의'에 가깝다는 것이다. 연적하와의 대화에서 영채신은 다음과 같이 말한다.

---

25) 김성룡, 「비형 이야기에 나타난 귀신 이야기의 구성 원리」, 『선청어문』 제24호, 1996.10, pp. 377-410.

"지금 중원엔 청병이 넘쳐 도처에서 강도와 살인을 하며 온갖 악행을 저지르고 있죠. 더구나 홍승주와 오삼계는 청병을 도우면서 양주와 가정에서 대량학살을 자행하여 190만 명에 이르는 무고한 백성들의 목숨을 앗아갔습니다. 나라의 흥망은 필부에게 책임이 있으나 늙으신 어머님의 봉양을 위해 치욕을 참으며 살아가고 있지요. 정말 부끄럽습니다."

그는 효자이며 객지에 와서도 글을 읽는 선비의 전형이다. 이런 양상은 유혹자의 역할을 하고 있는 소천에게도 마찬가지로 나타난다. 소천의 거문고 소리에 끌려 화원에 들어온 영채신을 보고 소천은 이렇게 꾸짖는다.

"누구세요? 이 밤에 남의 집에 들어온 것도 모자라 침실까지 들어오다니 교양이 있는 사람인가요? 보아하니 글을 아는 사람 같은데 어떻게 이런 일을 할 수 있지요? 정말 무례하군요."

그런데 이처럼 남녀유별의 예의범절을 숭상하는 듯 보이던 소천은 곧 요부가 되어 맨살을 드러낸 채 영채신을 유혹한다. 더 흥미로운 사실은 영채신이 화원으로 들어온 이유는 소천의 아름다운 거문고 소리와 감상적인 음성, 뛰어난 그림솜씨에 감성적인 시의 어울림 때문이었다. 더구나 그 내용은 임을 그리는 낭만적 서정 그 자체였다.

이처럼 의와 예를 숭상하는 유가적 세계관과 노골적인 유혹의 인간 욕정, 그리고 낭만적 사랑이 뒤죽박죽이 되어 있는 것이 이 영화의 특징이다. 그런데 이런 불협화음의 이유는 영화의 마지막 장면에서 드러난다. 「섭소천」에서는 두 사람이 부부가 되어 아들까지 낳는다는 설정이지만 영화에서는 소천의 유골을 수습하여 묻어주고 이별

한다는 설정이 은유적으로 제시되어 있는데 마지막 장면에서는 처음에 등장한 빨간 초가 다 타고 남은 흔적과 『요재지이』의 책, 그리고 두 사람이 마주보고 있는 장면이 오버랩되며 끝난다. 즉 감독은 『요재지이』의 「섭소천」이란 중세 기록의 강박을 벗어나지 못했던 것이다. 그러나 영화는 20세기 근대문명의 산물이니 당연히 근대적 사랑의 요소가 나타나지 않을 수 없었고 이 과정에서 의(義)와 신(信), 그리고 애(愛)가 제대로 융합되지 못하고 모순적으로 드러나게 된 것이다.

3) 〈천녀유혼〉(1987)과 '낭만적 사랑'의 탄생: 욕망의 억제에서 사랑의 승화로

우연하지만 운명적인 만남, 영육의 조화로서의 지극한 사랑과 결혼이라는 낭만적 사랑의 근대 공식은 1987년 제작된 〈천녀유혼〉에서는 비교적 자연스럽게 나타난다. 이 작품에서는 의리와 예의와 욕정의 불협화음이라는 「섭소천」의 사랑 공식이 낭만적 사랑의 공식으로 탈바꿈되어 있다.

영채신은 세금을 징수하는 가난한 인물이며 소심하지만 정이 많고 착한 사람이다. 유난히 무서움을 많이 타서 늑대 울음소리만 들어도 어쩔 줄 모르고 줄행랑을 치나 소천이 위험에 빠지면 자기 몸을 돌보지 않고 구해내려 한다. 소천이 영채신에게 끌리는 것도 이런 대목이다. 영채신은 호통을 치고 유혹을 물리치는 것이 아니라 그것이 유혹인지 모르고 순진하게 반응한다. 소천이 사람을 대하는 성실한 태도와 순진한 성품에 점차 끌리는 것이지 영채신의 의로움에 감복하는 것은 아닌 것이다.

여기서 영화의 주제는 '사랑'이다. 연적하와 하후씨의 싸움의 한가운데에서 오도 가도 못하게 된 영채신은 둘의 싸움을 말리기 위해 이렇게 둘러댄다.

> "맞아요, 그의 말이 맞아요. 당신 참……. 이미 당신에게 졌는데 그렇게 말하면 체면이 안 서잖아요? 이제 검을 내려놓고 서로에게 성의를 보이시죠. 우주는 무한하고 사랑은 영원하다는 걸 아셔야 해요. 서로 사랑하면 죽일 필요가 없는 거예요. 왜냐하면 사랑이야말로 가장 힘 있는 무기니까요."

귀신과 사람의 사랑을 이승과 저승이라는 간극까지 사랑의 힘으로 뛰어넘을 수 있다는 메시지로 활용하는 근대적 사랑 계열의 영화—예를 들면 〈사랑과 영혼〉과 같은 서구 영화의 메시지—가 뚜렷하게 드러나는 대목이다. 이로써 중세 봉건적 세계관에서 일종의 죄악으로 간주되었던 인간의 욕망을 숨기는 기제로 활용된 인귀교구(人鬼交媾)의 모티프는 〈천녀유혼〉(1987)에 이르러 낭만적 사랑을 드러내는 효과적인 기제로 탈바꿈한다.

5. 공유서사의 전망

한류 현상을 단순한 대중문화의 유행, 일시적인 유행이 아니라 한국, 중국, 일본을 비롯한 동아시아 문화의 지속적인 교류로 승화시키기 위해서는 수천 년 역사를 지닌 동아시아의 문화 교류의 뿌리를 잊지 말아야 한다. 그 방법 중 하나로 오랜 역사를 지닌 동아시아 공유

서사의 문맥을 발굴해낼 필요가 있다.

본고에서는 당나라 이래로 서로 영향을 주고받아 온 전통 위에서, 다시 중국의 『전등신화』의 영향을 받아 탄생한 한국의 『금오신화』, 그리고 이 『전등신화』와 『금오신화』의 영향으로 탄생한 일본의 『가비자』가 다시 중국 근대 소설에 영향을 미치는 과정을 살펴보았다. 이런 역사 속에서 공유된 인귀교구 서사의 전통을 〈천녀유혼〉이 한국과 중국에서 동시에 인기를 끌었던 원인으로 짚어내었다.

〈천녀유혼〉은 59년에서 87년으로 나아가면서 인귀교구 서사의 전통을 충실히 이행함은 물론, 인간의 욕망과 신의가 불협화음을 이루었던 중세의 사랑과 다르게 근대의 낭만적 사랑의 전통에 맞게 영원한 사랑으로 승화시켰다. 그런데 이 또한 근대화 이후 동아시아에서 공유하고 있는 사랑의 컨벤션이다.

이런 공유 서사는 〈천녀유혼〉이 화류(華流)를 일으키는 원동력이 되게 한다. 그리고 이 방식은 〈공무도하가〉의 공유서사가 잠재해 있는 한국 드라마 〈가을동화〉에서도 마찬가지로 나타나면서 결과적으로 중국에서 한류붐을 일으키는 기폭제 역할을 하게 되었다.

최근 〈무극〉, 〈묵공〉, 〈삼국지〉 등 한·중 합작 영화나 한국, 중국의 공유 서사를 바탕으로 한 영화 제작의 시도가 일어나고 있다. 단지 표피적인 닮은꼴의 시나리오가 아니라 진정하게 공유하고 있는 요소가 무엇인지 깊이 있게 성찰해 보아야 할 대목이다.[26]

---

26) 최혜실, 「동아시아 서사를 바탕에 둔 한류문화의 가능성」, 『비교한국학』 17권 3호, 2009, pp. 53-76.

제 3 장

스토리텔링을 통한 동북아의 지역성 강조

1. 지역 정체성과 스토리텔링
2. 동아시아 서사를 바탕에 둔 지역 정체성 확보 사례

제 3 장 스토리텔링을 통한 동북아의 지역성 강조

1. 지역 정체성과 스토리텔링

1) 장소의 혼이 담긴 이야기 개발이 필요

21세기 들어 구경 관광에서 체험 관광으로 트렌드가 바뀌면서 이야기의 중요성이 대두되었다. 이야기는 인간의 체험을 시간의 순차구조로 기억 속에 배치한 것이기 때문이다.

최근 강원도 영월의 장릉이 유네스코 유산 등재의 일등 공신이 되었다고 한다. 유네스코 현지 실사단이 장릉에서 단종에 얽힌 이야기를 듣고 감동하여 조선왕릉의 가치를 높이 평가하기 시작했다는 것이다.

그런데 왜 실사단이 다른 왕릉보다 장릉의 이야기에 유독 감동했던 것일까? 그것은 장릉의 이야기가 '사랑'(인간애, 부부애 등)이란 보편적인 주제를 다루면서도 그 방식이 매우 한국적이었기 때문이다.

외국의 왕릉도 재미있는 이야기를 많이 간직하고 있다. 중국에 진시황릉이 있고 이집트를 위시한 멕시코, 남아메리카 등지에 피라미드가 유명하며 애절한 사랑의 장소인 타지마할도 있다. 외양의 규모나 화려함에 있어서 조선왕릉에 비길 바가 아니며 이야기 또한 감동적이다.

그러나 그들의 이야기는 분명히 우리와 다르다. 영생을 꿈꾸는 황제가 만들어낸 거대한 병마용갱과 지하도시로 이루어진 진시황릉, 능원의 거대함은 참으로 우연히도 황제의 끝도 없는 욕망과 닮아 있다. 욕망의 이야기와 중국이라는 국토의 광활함, 능원의 규모가 맞아떨어지는 이 우연에서 진시황릉은 필연적으로 세계적인 관광명소로 자리잡게 되었다.

막막한 사막 한가운데 솟아 있는 거대한 피라미드가 당시 절대왕정의 힘과 영생이란 기약할 길 없는 꿈과 일치함도 눈여겨 볼 일이다. 그리고 사람의 넋을 빼어놓는 신비로운 장소인 타지마할도 죽은 아내를 평생 동안 그리다가 왕위마저 빼앗긴 샤자한 왕의 이야기와 많이 닮아 있다.

즉 유명한 왕릉의 이야기들은 모두 공통적으로 그 왕릉의 모양새, 그 장소의 혼(魂)과 밀접한 관련을 지니고 있다. 자연의 경관이 단순히 자연이 아니라 인간의 역사와 더불어 완성된 것이라는 점, 사람들이 그 지역의 기후와 산세, 풍토에 융합되어 문화를 이루기 때문에 어떤 장소에는 그 지역 사람들의 혼이 서려 있다는 사실, 독일 철학자 하이데거의 이 이론은 관광 분야에서 흔히 장소 마케팅으로 응용되고 있다.

그런데 장릉의 이야기의 요체는 바로 한국적 사랑인 '정(情)'이다. 언제 본 왕이라고 열두 살 어린 나이에 죽은 영혼이 서러워 그토록 극진히 모신 영월 사람들의 정이 완만한 한국의 산을 닮은 봉분만큼이나 그윽하고 질기다. 고운 님 여의옵고 냇물 흐르는 소리를 눈물로 들었던 왕방연이나 아내 송비(宋妃)를 돕기 위해 채소시장을 열었던 민초들의 사연은 또 얼마나 은근하면서도 깊은 속정인가?

한국의 정은 완만한 구릉과 굽이굽이 도는 강물만큼이나 국토의 장소성과 닮아 있다. 세계 어느 곳에서나 있는 왕릉의 보편성, 그리고 정(情)이라는 한국적 특수성의 절묘한 조화가 장릉의 스토리텔링의 정체이다.

이는 '정(精)'을 표방했던 둥근 초코파이가 국민과자가 되었고 '형님 먼저, 아우 먼저'의 형제 사이의 정(情)을 표방한 라면이 인기를 끄는 것도 같은 이치이다. 우리는 영화 〈공동경비구역 JSA〉에서 한국 병사 이병헌과 북한 병사 송강호가 나누어 먹었던 초코파이를 아직도 감동으로 기억하고 있다.

여기에 단종의 아내 송비의 절절한 그리움과 기다림에는 한(恨)이라는 지극히 한국적인 감정이 존재한다. 그 감정은 비디오를 켜는 사람마다 모질게 죽여대는 〈링〉의 일본귀신의 그것과 다르고 결투로 원수를 갚는 서양적인 복수의 감정도 아니다. 가슴속의 응어리진 원한을 스스로 삭혀 승화시키는 한국적인 원한의 감정은 참으로 독특한 것이다.[1)]

장소는 단순한 물리적 공간이 아니다. 그 속에는 수천 년 세월 동안 사람들이 살아온 자취와 숨결이 녹아 있으며 켜켜이 쌓인 역사가 장소의 혼(魂)을 만들어내고 있다. 사람이 자연을 닮고 어느새 자연이 사람을 닮아버린 그 결정체가 바로 그 장소의 이야기이고 우리 문화유산이 세계를 감동시키게 하는 원동력이며 국가의 브랜드 가치가 된다.

이제 죽은 듯이 누워 있는 우리 문화유산에 혼을 불어넣어 깨어나게 해야 한다. 그를 위해서는 장소의 혼을 불러오는 주술사가 필요하다. 구

---

1) 최혜실, 「문화유산과 스토리텔링의 만남」, 중앙일보, 2009.10.16.

체적인 물질, 질료에 깃든 상상력을 깨어나게 하는 이야기꾼이 우리가 거주하는 한국을 추상적인 위치 이상으로 만들어 줄 수 있는 것이다.

2) 문화콘텐츠의 공간화, 21세기형 녹색성장산업

최근 4대강 살리기 사업에 대해 대운하의 부활이라는 의혹, 졸속으로 추진되어 오히려 수질을 악화시키고 생태환경을 파괴할 수 있다는 우려가 대두되고 있다. 이런 의혹을 불식시키면서 국민의 합의를 도출해내야 하는 막중한 사업에 강변 문화생태 공간 조성 사업은 큰 도움이 될 것으로 보인다.

인류의 역사는 강변을 따라 이루어져 왔다. 강물은 사람의 생명을 유지하는 식수원과 농사의 필수자원이었다. 강변을 따라 도시, 마을 등이 형성되었으며 뱃길을 따라 중국, 일본 등과 소통하는 문명교류의 중심지 역할을 해왔다. 그리하여 강변의 곳곳에 쌓인 시간의 켜는 그 속에서 살아가는 사람들의 삶과 문화가 묻어 있는 소중한 자산으로 자리 잡게 되었다.

그런데 최근에 현대인들의 삶의 방식이 바뀌면서 강변에는 새로운 문화공간이 생성되고 있다. 영상성이 증대되는 이 시대에 현대인들은 가상세계의 놀이성, 감각적 속성을 현실 공간에 적용하려는 경향을 지닌다. 일과 놀이의 경계가 모호해진 공간, 예술 공연 및 감상방식과 상품 판매 및 구매방식이 일치하는, 공연장과 시장의 개념이 해체, 통합되는 21세기의 공간에서는 공간에서의 즐김이 곧 고도의 부가가치를 가지는 그런 곳이 된다. 이제 놀이 콘텐츠는 우리가 사는 문화공간으로 확산되고 있다.

사람들은 자신이 사는 장소를 물리적 공간으로 생각할 뿐 아니라 자신의 기억과 감각을 통해 즐거움을 느끼는 공간으로 생각하고 싶어 한다. 그리하여 그 장소에 얽힌 역사와 기억, 미래에 대한 기대가 현재의 경관 경험에 의해 자신의 정체성을 형성하게 하는 방식이 관광의 중요 요소로 등장하게 되었다. 즉 생활의 과정이 문화향유로 승화되는 공간, 삶을 즐기는 방식이 관광자원이 되는 공간이 21세기 주요 산업방식인 것이다.

국토도 좁고 자원도 없는 한국에서 한경오염 문제까지 대두되는 이 때 공간 콘텐츠를 통해 관광 수입을 얻고 국가의 브랜드가치까지 올리는 일석삼조의 사업이 4대강 살리기 사업에 문화개념을 도입함으로써 가능하게 된 것이다.

강변에는 오랜 세월에 걸쳐 축적된 역사문화 자원이 즐비하다. 유역별로 특화된 문화유적을 정비하여 문화정체성을 회복한다. 전통 마을숲이나 전통가옥을 복원하고 문화권별 역사, 문화, 음식, 인물, 축제 등을 발굴하여 현대적으로 계승하는 등 문화콘텐츠를 공간 속에 배열한다. 여기에 문학이나 영화의 소재가 되었던 공간들도 빠질 수 없다. 생태환경 또한 역사문화탐방 트레일로 개발할 가치가 있는 콘텐츠의 일종이다.[2)]

유비쿼터스 기술의 보급으로 공간에는 가상세계의 현실감을 증강시키는 방식이 등장했다. 모바일 폰을 통한 영상, 문자, 음성 서비스, 스토리 정거장으로 공간에는 마술적인 스토리텔링으로 가득 차게 된다.

강변을 따라 놓이는 이 콘텐츠는 크루즈 유람이나 자전거길, 도보길을 통해 하나의 공간적 이야기 라인을 형성한다. 사람들은 자전거나 크루즈의 움직임을 따라 매 순간 획득된 오감적 경험을 시간의 축

2) 최혜실, 「강변 문화콘텐츠 엮으면 국토가치도 껑충」, 동아일보, 2009.9.15.

에 따라 배열하고 이들의 관계를 종합적으로 파악하는 작업을 통해 머릿속에서 종합하면서 총체적인 의미를 형성하게 되는데 이것이 21세기형 이야기 체험이다.

이것이 만들어내는 부가가치는 강바닥에서 나올 건축자재에서 나오는 수입이나 치수(治水) 효과보다 훨씬 뛰어날 것이다. 수천 톤의 다이너마이트, 불도저와 포크레인으로 강을 파괴한다는 일부의 의혹도 많이 불식시킬 수 있을 것이다. 개발을 최소화하는 친환경 산업으로서 문화콘텐츠의 공간화는 진정 강을 살리는 길이라고 본다.

3) 한국, 중국, 일본의 공유 서사의 발굴과 지역 문화자원의 개발

최근 한국, 중국, 일본이 서로 콘텐츠 정보를 교류하고 공동연구를 실시하는 한・중・일 콘텐츠산업 협력 TF가 설립될 전망이다. 9월 2일 부산 누리마루에서 삼국의 문화부 관계자들이 이런 내용을 담은 합의문을 발표한 것이다. 그런데 왜 하필이면 한국, 중국, 일본이란 동아시아 삼국이 콘텐츠에 관련된 협력을 하는 것이며 그것이 한국 콘텐츠 산업의 발전에 도움이 된다고 생각하는 것일까?

이는 많은 사람들이 동아시아가 지니는 공통된 문화에 주목하고 있기 때문이다. 한류 현상도 동아시아에서 처음 나타났으며 이런 기세를 기반으로 동남아시아, 유럽 등으로 확산되어 왔다. 한자, 젓가락, 유교 문화 등 공통점을 지니는 동아시아에서 문화할인이 적었고 이런 공감대가 저항감 없이 한국의 콘텐츠를 받아들이게 했기 때문에 동아시아를 중심으로 한류가 시작되었다고 보는 것이 정설이다.

참으로 지당한 말이며 앞으로 한류의 발전 방향도 이런 맥락에서 짚어져야 한다고 본다. 그러나 문제는 그 '공유된 문화'의 정체가 무엇이냐는 점이다. 단순히 유교 문화, 젓가락 정도로는 너무 피상적이며 광범위하다. 좀 더 구체적이고 실질적인 공통점을 찾아내어 문화 교류가 이루어져야 한다. 이런 맥락에서 동아시아 서사를 발굴해내는 것은 의미 있다.

한류 현상을 단순한 대중문화의 유행, 일시적인 유행이 아니라 한국, 중국, 일본을 비롯한 동아시아 문화의 지속적인 교류로 승화시키기 위해서는 수천 년 역사를 지닌 동아시아의 문화 교류의 뿌리를 잊지 말아야 한다. 특히 콘텐츠의 핵심이 되는 스토리텔링의 원천으로서 오랜 역사를 지닌 동아시아 공유 서사의 문맥을 발굴해낼 필요가 있다.

그리고 이렇게 개발해낸 서사재료를 바탕으로 원 소스 멀티 유즈의 문화산업을 가동하는 것이다. 영화, 애니메이션, 공연예술 등을 통하여 서로 교감하고 그것을 바탕으로 테마파크 등 관광자원을 개발하여 한국, 중국, 일본 관광객들의 내방을 유도하는 것이다.

2. 동아시아 서사를 바탕에 둔 지역 정체성 확보 사례: 〈연오랑 세오녀〉 테마파크

❒ 외국인들이 한국에 대해 느끼는 장소감

(1) 공간, 장소, 경험, 스토리텔링

공간과 장소의 차이에 대해서는 많은 연구자들이 논의한 바 있다.

장소(place)는 공간(space)과 구별되는 보다 복합적인 개념으로, 공간이 지니는 물리적 속성 외에 특정한 활동과 상징성을 포함하는 사회문화적 성격이 강한 개념이다. 장소는 사건, 사물, 행위의 영역적 맥락(areal context)이다.[3] 공간은 장소를 형성하는 3차원적인 조직이며 장소는 매일의 생활 세계의 구체화된 현상들로 이루어진다.[4]

공간이 객관적으로 존재하는 물리적 실체라면, 장소는 인간의 인식체계를 통해 특정한 이미지와 가치를 지니고 인지된 공간의미이다. 장소는 울타리 내부로서의 환경, 지각, 실존, 공간, 상대적 위치 및 시간, 그리고 경관 등에 의해 총체적으로 설명되는 중층 결정적 성격을 지닌다. 장소는 특정한 공간적 규모로 존재하는 물리적 실체와 인간 행위의 결과물이 인지되어 의미를 가지는 공간적 실체이다. 그곳은 인간의 활동이 일어나는 맥락인 동시에 인간이 경험을 통해 의미를 부여하는 상징적 대상이며 시간의 흐름에 따라 형성되어 가는 역동적 실체이다.

장소는 단순한 추상 공간이 아니라 구체적인 공간이며, 파올로 포르토게지(Paolo Portoghesi)가 공간을 '장소들의 체계'로 정의하고 있듯이 공간은 구체적인 상황 안에서 뿌리를 가진다. 하이데거도 공간들(spaces)은 공간으로부터가 아니라 입지(location)로부터 그 존재를 부여받는다고 말한다. 장소는 명사로 표현되는 반면, 공간은 전사로 표현된다. 즉 장소는 섬, 곶, 만, 숲, 관장, 거리 등으로 표현되는데 이는 실재로 존재하는 사물을 고려하고 있다는 것을 의미한다. 반면 공간은 -위, -아래, -앞 등 어떤 방향성을 제시할 뿐이다.[5]

---

3) 백신혜, 『장소성과 장소 마케팅』, 한국학술정보, 2005, p. 39.
4) Christian Norberg-Schulz(민경호 외 옮김), 『장소의 혼』, 태림문화사, 2001, p. 1.
5) 위의 책, pp. 18-23.

이처럼 장소를 공간과 구분하는 요소는 여러 가지인바, 근대 지리학은 장소와 사건, 인간이 필연적으로 관련되어 있다고 보고 있다. 예를 들어 신화 속의 장소는 입지 자체가 신화적 인물의 출생을 예고하며 운명을 예고한다. 장소를 형성하는 것은 그곳에서 일어나는 사건이나 사물의 의미이며 인간의 목표나 가치, 의도, 행위 등이다. 장소는 자연 현상, 문화, 역사 등이 유기적으로 결합되어 저마다의 고유한 특성을 가진 하나의 유기체이다.[6)]

장소를 공간과 구별하는, 장소에 정체성과 아우라가 부여된 것을 우리는 장소성, 혹은 장소감, 장소의 혼이라고 한다. 장소의 정신(the spirit of place), 혹은 다소 비유적이고 낭만적인 감이 없지 않은데, 장소의 혼은 고대 로마인의 믿음에서 나온 용어이다. 그들은 독립적으로 존재하는 모든 존재는 그 자신의 혼, 즉 그 자신을 지키는 정신을 가지고 있다고 믿었다. 여기서 혼(魂)은 사물이 존재하는 것, 또는 되고자 하는 것이다.

그런데 인간의 정체성 형성은 상당 부분 장소, 사물들과 함수 관계를 갖는다. 인간은 이런 장소의 혼에 영향을 받아 자기 정체성을 형성한다. 이 때문에 하이데거는 "우리는 사물화된 존재이다. 그러므로 우리의 환경은 정위(orientation)를 용이하게 하는 공간 구조를 가지고 있을 뿐 아니라 정체의 구체적인 대상들로 구성되어 있기 때문에 중요하다. 인간의 정체성은 장소의 정체성을 전제로 한다"고 말한다.[7)]

인간과 장소의 상호작용성을 규정짓는 중요 개념을 '경험'으로 규정짓는 학자들이 있다. 이-푸 투안은 장소에 어떤 성격을 부여하는 그 무엇을 통틀어서 '경험'이라고 설명하고 있다. 경험은 사람들이 실재

---

6) 백신혜, 앞의 책, pp. 41-45.

7) Christian Norberg-Schulz(민경호 외 옮김), 앞의 책, pp. 29-30.

를 인식하고 구성하는 여러 가지 양식을 포괄하는 용어이다. 이러한 양식들은 후각, 미각, 촉각 등의 보다 직접적이고 수동적인 감각에서 능동적인 시각적 인지, 상징화라는 간접적인 인식까지 다양하다.

경험은 감정과 사유로 구성된다. 감정과 사유를 대립되는 것으로, 즉 전자는 주관적인 상태를 기록하는 것이고 후자는 객관적인 실재를 보고하는 것이다. 감정과 사유는 경험이라는 연속체의 양쪽 끝 가까이에 위치하며 양자 모두 앎의 방식이다. 보는 것과 생각하는 것은 밀접하게 관련되는바, 선택적으로 보고 듣고 냄새 맡는 것에 의해 인지되는 것과 그것에 대해 우리가 생각하는 것은 서로 상호작용하며 우리의 경험을 형성한다.[8] 우리의 이런 경험의 과정을 통해 공간은 장소가 될 수 있다.

결국 장소와 사람, 시간, 행위는 분리할 수 없는 하나의 통일체를 이룬다. 일단 인간이 바라보는 물리적이고 시각적인 경관은 중요하다. 가시적인 경관으로서의 통일체는 성곽도시, 중심가 마을, 언덕 꼭대기, 강의 합류점 같은 탁월한 모습을 통해 특징지어진다. 그러나 이런 경관이 그대로 인간에게 전해지는 것은 아니다. 그 장소에 대한 인간의 기억과 미래에 대한 기대가 현재의 경관 경험에 의해 하나의 정체성을 형성하는 것이다.

메를로 퐁티가 행위를 물리적, 활동적, 심리적 요소로 규정한 것처럼 물리적 환경, 인간 활동, 의미가 하나의 공통적인 구조를 형성하는 일련의 변증법을 구성할 수 있다. 물리적 환경과 인간 활동이 결합되면 동물적 활동 영역인 기능적 영역 속에서 인간에게 적절한 입지를 부여하고 환경과 의미는 경관이나 도시 풍경에 대한 직접적이고

8) 이-푸 투안(구동회, 심승희 옮김), 『공간과 장소』, 대윤, 1999, pp. 23-27.

감정이입적인 경험 속에서 결합되며 인간 활동과 의미는 물리적 환경과 별 관계없이 수많은 사회적 행위와 공유된 역사 속에서 결합된다.[9] 장소는 인간의 의도와 경험을 속성으로 한다. 의미는 변할 수 있으며 한 대상에서 다른 대상으로 옮겨갈 수 있다. 그리고 의미는 복합성, 모호성, 명확성 등 자신의 성질을 지니고 있다.

우리는 이제 여기서 공간 스토리텔링의 의미를 짚어낼 수 있다. 이야기는 표현된 것의 시간적 진행 과정과 변화를 순차적으로 배열된 문장으로 말하는 것이다. 어느 부분에 의미를 부여하는가에 따라 개인에 따라 특정하게 경험되는 시간이 진술된다. 우리가 공간에서 경험하는 그 무엇은 개인의 공간 경험 방식과 개인의 그 공간에 대한 과거의 기억에 의해 결정되며 그 경험의 총체는 과거의 기억과 미래에 대한 기대 사이에 놓인다.

외국인들이 한국 영화를 보고 한국을 방문하고 싶은 욕망을 느끼며 드라마 촬영지에서 영상의 스토리텔링을 더욱 선명하게 느끼고 그 인상이 한국의 이미지로 각인되는 이유가 바로 여기서 말미암는다.[10]

(2) 심층 인터뷰(Indepth Interview) 분석

다음은 현재 한국에 체류 중인 외국인들(경희대 국제교육원 학생들, 2009.8)을 중심으로 한국의 관광지에 대해 조사, 분석한 내용이다. 인터뷰한 사람의 국가별 현황을 살펴보면, 중국 15명, 일본 12명, 미얀마 2명, 몽골, 대만, 베트남, 말레이시아, 싱가포르, 인도네시아, 우크라이나, 카자흐스탄, 영국, 프랑스, 러시아 각 1명씩이다. 동아시

9) 에드워드 렐프(김덕현 외 옮김), 『장소와 장소 상실』, 논형, 2005, p. 112.
10) 최혜실, 『테마파크의 스토리텔링』, 글누림, 2007, pp. 19-25.

아를 중심으로 범아시아 학생들을 골고루 배치하였다.

첫째, 대상자들은 가장 인상적인 한국 관광지로 제주도, 민속촌, 에버랜드, 서울타워를 꼽았다. 제주도는 아름다운 자연환경과 편의시설, 한국 민속촌은 한국의 전통문화, 에버랜드는 유희공간, 그리고 서울 타워는 상징적 공간이라는 점에서 의미 있다. 타워에서 서울이 한눈에 바라보이며 사랑의 자물쇠나 민속 행사들이 많아 한국의 서울이라는 장소성을 가장 대표적으로 느낄 수 있는 곳이라는 점에 주목해야 할 것이다.

둘째, 외국인들이 방문해본 테마파크 중 가장 인상적인 곳이 에버랜드, 롯데월드, 민속촌, 남이섬 순이었다. 테마파크라기보다 섬이라는 장소라고 하는 것이 알맞은 남이섬이 외국인들에게 테마파크로 각인된 것은 주목할 만한 일이다. 외국인들은 드라마 〈겨울연가〉에서 보았던 장면을 인상적으로 꼽고 있었다.

전반적으로 외국인들은 일관된 테마 아래서 통일적으로 전개되는 환상성이 장소에 대한 매력도를 증대시키고 있는 것으로 보았다. 다른 장소와 차별화되는 체험적 요소의 존재가 해당 장소의 고유한 이미지를 만들어내는 동시에 개별적 경험의 이야기를 생성해내며 향유자에게 장소를 각인시키는 것이다.

즉 좋은 경험을 통한 기억이 본인의 이야기를 만들어내고 그 이야기는 뇌리에 각인되어 사라지지 않으면서 다시 그 장소를 방문하고 싶은 욕구를 일으킨다. 여기서 우리는 이야기의 발생과 쓰임새에 대해 짚어볼 필요가 있다.

진화심리학적인 측면에서 이야기의 중요성은 지대하다. 이야기는 세계적인 보편성을 지니는데 이는 이야기가 인류가 오랜 기간 생존하는 데 매우 좋은 역할을 했기 때문이라는 증거가 된다. 한마디로 이야기는 문자가 없었던 시절 정보를 전달, 보관하는 좋은 저장소였다. 인간은 상황과 관련하여 정보를 기억하지 개념어나 단어 하나만 똑 떼어서 기억하지 않는다. 이야기는 인류가 생존에 필요한 단편적인 지식을 개연성 있는 구조 속에 넣어 보관, 전달하는 훌륭한 기구였던 것이다.

또 사냥이나 수렵 등을 통해 직접 경험함으로써 정보를 얻는 것보다 간접적으로 경험을 얻는 것이 위험부담이 없을 뿐 아니라 시간과 노력이 절약된다. 더구나 이야기는 각 지역의 환경과 상황에 따라 변형시키기가 쉽다.

이야기의 이런 특성은 예술로 현실의 커뮤니케이션과 동떨어진 것처럼 보이는 문학작품에서도 마찬가지로 드러난다. 허구 또한 마음의 진화의 소산으로 우리에게 삶의 시뮬레이션을 제공한다. 독자들은 안락한 소파에 앉아 실제 사건을 보고 듣는 것과 같은 착각에 빠지면서 사례들을 즐기게 된다.

독자들은 즐거움의 과정에서 가르침을 배우게 된다. 컴퓨터 과학자 제리 홉스는 소설이 실험과 같다고 주장한다. 저자는 가상의 인물을 통상적인 사실과 법칙들이 실제 세계와 똑같이 적용되는 가설적 상황에 놓고 독자로 하여금 결과를 탐구하게 한다. 설정된 허구의 세계에서 주인공은 목표를 부여받게 되고 독자는 주인공의 탐색과 노력의 과정을 지켜보면서 그들이 장애물을 극복하고 목표를 달성하기 위해 사용하는 전략과 전술을 마음속에 기록해둔다. 그렇다면 그 목표는 무엇일까? 궁극적인 목표는 생존과 번식이다. 허구의 이야기들은 우리에게 언젠가 직면할 수 있는 운명의 수수께끼들을 항목별로 정리해준다.

이처럼 이야기는 정보를 잊어버리지 않게 해주는 훌륭한 기억장치

였던 것이다. 따라서 관람객들이 이야기로 장소 체험을 하면 결코 그 장소를 잊어버리지 않는다. 결과적으로 이야기로 체험되는 한국의 장소들은 외국인들에게 한국에 대해 잊을 수 없는 기억을 지니게 해준다.

여기에 동아시아를 비롯한 아시아인들은 오랫동안 서로 교류하면서 형성된 경험의 구조들을 공유하고 있으며 이 공유체험들은 이야기를 통해 전승되어 오고 있다. 이를 활용하여 동아시아 공유 서사를 한국이라는 장소에서 체험하게 하는 관광자원이야말로 동아시아 지역 통합을 이루는 좋은 방법이 될 수 있는 것이다.

이 공유 서사 중 하나가 「연오랑 세오녀」 설화이다. 일본인들에게만 「연오랑 세오녀」 설화에 대해 질문을 했다. 12명의 일본인 중 8명이 매우 그렇다, 2명이 그렇다고 답변했는데 『일본서기』 등에서 읽은 아메노히보코 설화와 유사하기 때문이라는 것이다. 이들은 이구동성으로 신라와 뱃길이 가까운 일본 지역에 아마 많은 교류가 있었을 것이라고 추측했다. 이들은 '태양'과 관계있는 인물이란 사실과 일본으로 건너갔다는 부분에 특히 흥미를 보였다. 지리적 인접성뿐 아니라 문화적 동질성을 느낀다는 응답이 다수였다.

(3) 한일 교류 서사를 통한 한일 지역 통합

『삼국유사』에 나타나는 「연오랑 세오녀」 설화의 내용은 다음과 같다.

> 제8대 아달라왕(阿達羅王) 즉위 4년(정유 157)에 동해 바닷가에 연오랑(延烏郞)과 세오녀(細烏女)가 부부로서 살고 있었다. 하루는 연오가 바다에 가서 해조(海藻: 미역 종류)를 따고 있던 중, 갑자기 한 바위(혹은 한 고기라고도 한다)가 연오를 싣고 일본으로 가버렸다. 그 나

라 사람들이 연오를 보고 「이는 비상한 사람이다」 그래서 왕으로 삼았다. 일본 제기(帝紀)를 살펴보면 전후에 신라 사람이 왕 된 이가 없으니, 이것은 변읍(邊邑)의 소왕이고, 진왕(眞王)은 아닐 것이다. 세오는 그 남편이 돌아오지 않음을 괴이히 여겨 가서 찾다가, 남편의 벗어놓은 신이 있음을 보고 또한 그 바위에 올라가니, 바위는 또한 그 전처럼 세오를 싣고 갔다. 그 나라 사람들이 보고 놀라서 왕께 아뢰니, 부부가 서로 만나게 되어 세오를 귀비(貴妃)로 삼았다.

이때 신라에서는 해와 달이 빛이 없어지니, 일관(日官)이 말했다. 「해와 달의 정기가 우리나라에 있었던 것이 지금 일본으로 가버린 때문에 이런 괴변이 일어났습니다.」 왕은 사자(使者)를 일본에 보내어 두 사람을 찾았다. 연오는 말했다. 「내가 이 나라에 온 것은 하늘이 시킨 일이니, 이제 어찌 돌아갈 수 있겠소. 그러나 나의 비(妃)가 짠 고운 명주비단이 있으니, 이것으로써 하늘에 제사를 지내면 될 거요.」 이에 그 비단을 주었다. 사자가 돌아와서 아뢰었다. 그 말대로 제사를 지냈더니 그런 후에 해와 달이 그 전과 같아졌다. 그 비단을 임금의 창고에 간직하여 국보로 삼고 그 창고를 귀비고(貴妃庫)라 하며, 하늘에 제사지낸 곳을 영일현(迎日縣) 또는 도기야(都祈野)라 했다.[11]

『필원잡기』의 '영오 세오 부처'의 내용도 약간의 편차를 달리하며

11) 李載浩 譯註, 『三國遺事』, 명지대학교, 1967, 「延烏郞細烏女」 原文: 第八, 阿達羅王卽位四年丁酉, 東海濱, 有延烏郞細烏女, 夫婦而居。一日延烏歸海採藻, 忽有一巖〔一云一魚〕, 負歸日本。國人見之曰…… 「此非常人也」乃立爲王〔按日本帝記, 前後無新羅人爲王者, 此乃邊邑小王, 而非眞王也。〕 細烏怪夫不來, 歸尋之, 見夫脫鞋, 亦上其巖, 巖亦負歸如前。其國人驚訝, 奏獻於王, 夫婦相會, 立爲貴妃。是時新羅日月無光, 日者奏云…… 「日月之精, 降在我國, 今去日本, 故致斯怪」 王遣使求二人, 延烏曰…… 「我到此國, 天使然也, 今何歸乎, 雖然朕之妃, 有所織細綃, 以此祭天可矣」 仍賜其綃。使人來奏, 依其言而祭之, 然後日月如舊。藏其綃於御庫爲國寶, 名其庫爲貴妃庫, 祭天所名迎日縣, 又都祈野。(『三國遺事』 권1 紀異)

동일내용을 기록하고 있다. 한국인으로서 일본의 왕이 되었다고 명시하고 있다는 점이 흥미롭다.

> 일본국 임금은 그 선조가 우리나라에서 유래했다면서 바라보고 사모하는 정성이 범상하지 않다. 나는 일찍이 과거의 역사를 두루 찾아보아도 그 출처를 알 수 없었다. 다만, 『신라수이전(新羅殊異傳)』에서는 이렇게 말했다. 변에 어떤 사람이 있었는데, 지아비는 영오라 하고, 아내는 세오라 했다. 어느날, 영오가 해초를 캐러 변에 나갔다가 갑자기 표류 일본국에 이르러 작은 섬의 군주가 되었다. 세오가 지아비를 찾다가 그 나라에 이르러 왕비가 되었다. 그때 신라에는 해와 달의 빛이 없어졌다. 해의 변고를 살피는 관원이 아뢰기를 "해와 달의 정기가 이제 일본으로 가 이런 변괴가 일어났습니다." 왕이 사신을 보내, 두 사람에게 돌아오도록 했다. 영오는 "나를 이 나라에 오게 한 것은 하늘입니다." 하며 세오가 짠 비단을 사신에게 주고 말했다. "이것으로 하늘에 제사지내면 좋을 것입니다." 그 말대로 제사를 지냈더니 해와 달이 예전과 같아졌다. 제사 지낸 곳을 영일이라 하고, 현을 설치했다. 신라 4년의 일이다. 우리나라 사람이 일본왕이 된 자는 이 뿐이다. 그 말이 참인지 거짓인지는 알 수 없다. 일본 임금의 선조가 이렇게 유래했는지 모르겠다.[12)]

12) 徐居正著, 徐光日譯, 『筆苑雜記』, 乙酉文庫 237, 을유문화사, 1981, p. 142, 「迎烏細烏 夫妻」 原文: 「日本國大內殿 以其先世出自我國 向慕之誠 異於尋常予嘗遍考前史 未知出處 但新羅殊異傳云」 「東海濱有人 夫曰迎烏 妻曰細烏 一日迎烏採藻海濱 忽漂至日本國小島爲主 細烏尋其夫 又漂至其國 立爲妃 是時 新羅日月無光 日者奏曰 迎烏細烏 日月之精 今去日本 故有斯怪 王遣使求二人 迎烏曰 我到此地天也 乃以細烏所織絹 付送使者曰 以此祭天可矣 遂名祭天所曰迎日乃置縣 是新羅阿達羅王四年也」 我國人之爲王於日本者 止此耳 但未知其說之是非也 大內之先 恐或出此」, 이 원문은 徐居正(1420～1488)의 私文集인 『筆苑雜記』 권2 「日本國大內殿以其先世出自我國」 條에 「……但新羅殊異傳云……」 하여 인용된 全文이다(崔康賢, 「新羅殊異傳」 小攷(續)－主로 그 逸文을 中心하

연오랑 세오녀가 일본에 건너간 지점이 어디인지에 대한 기록은 여러 곳에 나타나 있다.

> 예로부터 세곡이라 부르다가 후에는 누을(또는 혜곡)이라고 불렀다. 세 구역(원 신흥·중흥·세계)을 합하여 세계동이라고 했다. 신라 아달라왕 때 연오랑 세오녀가 세계동의 못둑 위의 들에 집을 지어 살았던 곳이나 지금은 빈터만 남았다. 남쪽에는 춘덕보가 있어 일월지로 통하고, 동쪽에는 순제가 있어 앞들에 물을 대고, 북쪽에는 옥령이 있고, 서쪽에는 도덕곡이 있다.[13]

> 일월지는 영일현 치소(治所)의 동쪽 10리 지점의 도기야에 있다.[14]

이런 기록을 증명할 많은 관련 지명들이 현재 포항 근처의 지역에 산재되어 있음을 볼 수 있다.

여-, 『國語國文學』 제26호, 국어국문학회, 1963 참조).

13) 金鎔濟, 『迎日邑誌』 권1 「잡저(雜著)」, 1929, p. 30, 「世界洞」 原文: 「古稱細谷後累乙(一云蕙谷)合三區元新興中興世界合以爲世界洞 新羅阿達羅王時 迎烏郎細烏女於洞之塘坪上 建堂爲棲息之所 今爲丘墟焉 南有春德洑達于日月池 東有蕁堤灌于前坪 北有玉嶺 西有道德谷(烏川西區)」, 김용제(金鎔濟)는 청하면 고현리 출생으로 본관은 월성, 신·구학문에 뛰어났다. 일제 강점기를 맞아 소멸되어 가는 이 지역의 역사·지리·문화의 실증적 자료를 수집하기 위해 이 지역 유림들과 의논하여 홍해향교에 편찬 본부를 두고 편집 주간을 맡았으며, 1929년 영일읍지 3책을 발간하여 지역문화의 사료보존에 큰 족적을 남겼다. 벼슬은 통정대부(通政大夫) 참서관(參書官)을 지냈다(이희특, 『포항시사』 하 인물편, 1999, p. 611).

14) 『東國輿地勝覽』 「迎日縣」 古跡條 「日月池」 原文: 日月池 在縣東十里都祈野 新羅阿達羅王時 東海濱有人 夫曰迎烏郎 妻曰細烏女 一日迎烏採藻海濱 忽漂至日本國 小島爲王 女尋其夫 至其國爲妃 是時新羅日月無光 日者奏曰 迎烏細烏 日月之精 今去日本 故有斯怪 王遣使求二人 焉迎烏曰 我到此天也 乃以細烏所織綃 付之令用 此祭天 使者來奏如其言而祭之於池上 日月復光 遂藏綃於御庫 因名其池曰日月池 縣名曰迎日.

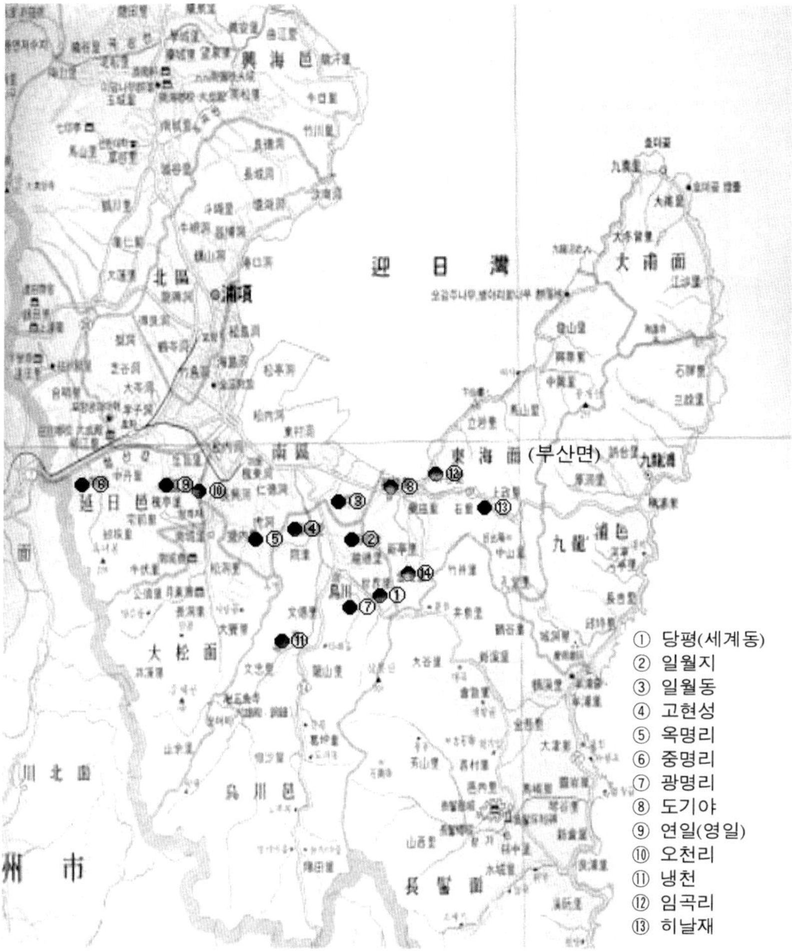

<그림 1> 일월신화 관련 지명도(동대해문화연구소 제작)

이런 기록들을 종합해보면 대략 다음과 같은 사실들을 추론해 볼 수 있다. 신라 경주에서 동해로 내왕하는 주요 통로로 영일만, 감포, 울산만의 세 가지 길이 있다. 영일과 출운 지역은 거리가 가깝고 항만, 조류, 풍향 등 환경에 의해 교류가 용이한 지역이다. 이런 환경적 특성 때문에 신라인들은 선진 문물을 가지고 일본으로 건너가 그곳의 조상이 된다. 일본의 고사에서는 신라 해곶(호미곶)의 남은 부분을 동아줄로 끌어당겨 이와미와 이즈모 나라의 경계를 만들었다는 국인(國引) 전설이 전해지고 있다.

이런 여러 자료들을 바탕으로 볼 때, 연오랑과 세오녀가 일본을 향해 떠난 지역은 임곡진으로 추정된다. 과거에는 신라의 대외창구, 현재 일본으로 가는 관문이라고 할 수 있는 영일만 지역과 가장 가까운 일본 지역은 같은 위도 36도인 오키섬과 이즈모, 마쓰에 지역이다. 신라에서 이곳 이즈모로 가는 항로는 첫째, 영일만→대마도→이키시마→하카다만→오키섬→이즈모 지역으로 가는 길, 둘째, 영일만→오키섬→이즈모 지역으로 직접 가는 길, 두 길이 있다고 한다. 영일만에서 해류가 흘러가는 실험을 하면 거의가 두 번째 길로 표류하며 실제 한국 동해안 주민의 각종 쓰레기는 오키섬의 구니가 해안으로 떠내려오고 있다.[15)]

연오랑 세오녀 설화는 『니혼쇼기(日本書紀)』, 『고지키(古事記)』 등 일본 역사서의 〈스사노오노미코도(須佐之男命)의 출운천강설화(出雲天降說話)〉와 아메노히보코(天日槍)의 도일설화 속에 나타난 내용과 기본 구조를 같이하고 있다. 결론적으로 연오랑 세오녀 설화는 일찍이 우리 민족이 일본 땅을 개척하여 통치자가 되고 내왕한 문화적 사실을 원시적 태양신화의 동점설화에 덧붙여 상징적으로 설명하고 있는 좋은 예화라 볼 수 있다. 따라서 이런 한일 교류설화를 포항의 지역 정체성으로 활용할 때 당연히 일본의 한국에 대한 친근감을 자극

---

15) 배용일, 「연오랑 세오녀 일월신화연구」, 포항정신문화 학술 심포지엄, 2007. 10.8, pp. 38-40.

할 수 있는 것이다.

최근에 연오랑 세오녀 신화를 포항의 지역 브랜드화에 활용하기 위해 테마파크를 조성하는 사업이 눈길을 끈다. 포항의 지역정체성을 한일 교류로 가져감으로써 국내외 관광객을 유치함은 물론 문화 교류를 통한 동북아 지역 통합의 방안으로 활용할 수 있게 되는 것이다.

경북 포항시 남구 동해면 임곡리 129-1번지 일대는 환동해경제권(한, 일, 러)의 중심도시인 포항의 남부 권역에 위치하였기 때문에 대상지는 산업물류를 위한 시 차원의 교통망 기확충 및 확충계획으로 관광을 위한 인접도시에서의 접근성을 확보하고 있으며 포항역, 고속버스터미널, 시외버스터미널 등 포항 도심권 시내에 위치한 교통 거점으로부터 31번 국도를 통해 약 10분 거리라는 입지여건을 갖추고 있다.

지형 분석 결과, 대상지는 대지 중앙부분이 융기한 구릉지를 형성하고 있어, 기존의 지형 · 지세를 유지하면서 경사지를 활용한 친환경적 건축계획이 요구된다. 또한 대상지와 연접해 있는 해안선이 급경

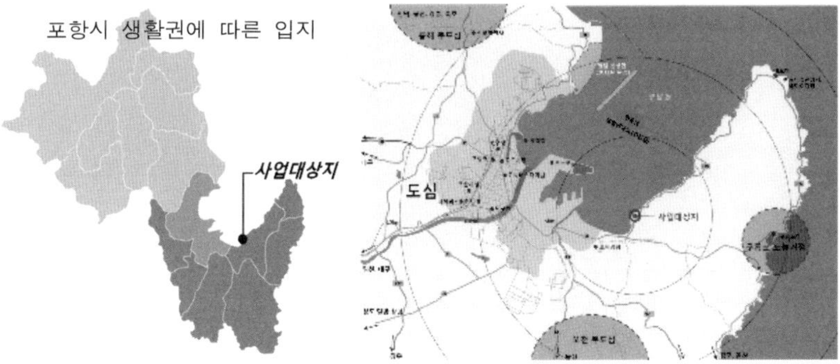

<그림 2> 사업대상지 세력권

사를 이룸에 따라 급경사를 고려한 해안 활용계획이 요구된다. 조망경관의 경우 서측으로 포항도심과 포항제철을, 북측으로 신영일만을 조망할 수 있어 포항의 아이덴티티를 담은 경관을 조망 포인트로 삼을 수 있다. 이 같은 점들을 고려해 경사도와 조망을 활용하여 세오녀의 기다림이란 스토리를 시각화할 수 있을 것으로 전망된다.

(4) 조감도와 공간배치도

참고로 전체적인 조감도와 공간 배치도를 제시하면서 계획 개념을 요약해보기로 한다.

계획 개념

1. **ZONING**
   - 전시체험 ZONE: 연오관, 신라마을
   - 문화/교육/복리 ZONE: 태양관, 야외결혼식장 등
   - CENTER ZONE: 세오관, 바다관 등의 중심부 구성을 통한 이용객 동선 유도 및 다른 두 ZONE에서의 연계시설 활용성 극대화

2. **경관**
   - 주요시설(연오관, 바다관, 세오관, 태양관) 경사지를 활용, 기존지형에 순응하는 배치로 기존의 자연경관 보존
   - 대상지 내 모든 장소에서 바다조망이 가능하도록 구성

3. **AXIS**
   - 영일만 중심축: 바다관/세오관－중심광장－야외공연장－야외제단의 축 형성으로 상징적 경관구성 및 포항시의 진취적 미래상 상징
   - 중심보행축: 대지 내 시설을 모두 아우르는 중심보행로 구성으로 시설활용도 극대화

<그림 3> 조감도와 공간배치도

제 4 장

동북아 사회문화 협력의 초석으로서 문화자원

1. 사회문화 교류를 위한 문화콘텐츠 활용의 전제조건
2. 문화자원의 교류와 체험
3. 문화콘텐츠의 교류
4. 사회문화 교류의 기반으로서의 미디어
5. 동북아문화협력기구의 창설

제 4 장 동북아 사회문화 협력의 초석으로서 문화자원[1)]

1. 사회문화 교류를 위한 문화콘텐츠 활용의 전제 조건

앞 장에서 밝힌 바 있듯이 최근 나타난 한류 현상의 중요한 원인은 바로 미디어의 발달인 것이다.[2)] 우리는 이런 시대사적 현상에 주목하면서 미디어가 서로 간의 격차를 줄이고 이해시키는 효과를 활용하여야 한다. 거리의 개념을 좁히고 놀이성을 증대시키는 정보통신의 속성을 활용하여 심정적 거리를 좁힐 필요가 있다.

대중문화에서 시작된 한류는 최근 패션, 순수문학 등 문화예술, 교육 분야에도 확대되고 있다. 이 추세를 활용하여 순수예술의 전통과 자양분을 문화산업에 소통시킴으로써 한국의 문화산업의 질을 높이면서 동시에 대중문화에 대한 관심과 매력을 한국문화예술 전반으로

1) 최혜실, 「동북아 사회문화 협력의 초석으로서 문화콘텐츠의 역할」, 동북아시아 문화학회 국제학술대회 발표자료집, 2008, pp. 253-256.

2) 이와부치 코이치, 「일본 대중문화의 이용가치」, 『'한류'와 아시아의 대중문화』, 연세대학교출판부, 2005, pp. 87-128.

확산시키는 효과를 얻을 수 있다.

한자나 유교 문화, 혹은 신화의 동질적 자원을 발굴하여 교류함으로써 지역의 보편적 원리나 상징으로 제시하는 것은 중요하다. 그러나 중요한 것은 방법이며 전략이다. 최근 5천 년의 역사를 지닌 한국 문화와 역사에 살아 숨쉬는 문화원형의 디지털 콘텐츠화 사업이 소기의 성과를 거두고 있다. 〈대장금〉 등이 한류의 선봉에 서 있음을 볼 때 한국 문화의 세계화야말로 동북아의 공감대 형성에 중요한 역할을 할 것이라는 예감이 들게 한다.

2. 문화자원의 교류와 체험

1) 동북아 문화도시 페스티벌

일찍부터 유럽 지역 통합을 비교적 성공적으로 이룬 EU의 문화도시 프로젝트는 문화의 다양성, 문화 간의 대화와 통합을 핵심 주제로 하며 한 도시의 두드러진 문화의 특징을 다른 유럽인들에게 알림과 동시에 그곳에서 열리는 각종 예술 행사와 문화를 같이 나눌 수 있도록 하기 위한 프로젝트였다. 매년 1－2개의 도시가 문화 수도로 선정되어 그 도시와 지역의 문화유산을 소개하는 전시 행사 및 EU 각 지역의 예술 창작인들이 참여하는 콘서트 등이 전폭적인 재정 지원하에 열린다.

이 행사가 지역 발전, 교류와 더불어 관광에도 크게 기여하는 것에 주목하여 동북아 지역의 문화정체성 확립, 문화의 실질 교류와 경제,

정치적 파급 효과를 목적으로 동북아 문화도시 페스티벌을 추진한다.

민관이 공동 참여하는 동북아 문화협력 기금과 동북아 문화도시 선정위원회를 구성하여 매년 삼국 중 문화 유산이 풍부한 도시를 번갈아 지정한다. 이 기간에는 동북아 문화정체성을 위한 학술 포럼이 개최되며 음악 축제, 미술 전시회, 만화 및 애니메이션 축제, 도서출판 전시회 등을 개최한다. 특히 대중스타 아이콘을 동원한 대중음악 콘서트는 한류의 형성과 시너지 효과를 일으킬 것이다. 동북아 민속 문화관 및 민속촌을 상설 운영하여 삼국의 문화적 전통을 같은 공간에서 경험할 수 있는 장을 마련한다.

2) 동북아 문화자원 개발 및 공동 자산화

문화자원을 공유하는 동질의 문화 인식을 지닐 때 서로의 동질감을 확인하는 계기가 될 것이다. 또한 문화유산을 공동 발굴하고 보존하는 가운데 전문기술 및 인력의 교류가 이루어지며 동질의 정보화의 결과로 경제적 가치를 공유할 수 있다. EU의 경우도 27개국이 갖고 있는 고유의 문화유산을 EU의 거대한 하나의 문화적 범주로 통합, 문화적 다양성을 토대로 한 창의적인 문화력을 도출하려 하고 있다.

추진 방향으로 첫째, 동북아의 전체 문화유산 중 공동 자원화가 가능한 전통 문화유산의 발굴과제를 도출한다. 둘째, 주로 관광자원으로만 활용하고 있는 EU와 달리, 발달된 디지털 기술을 바탕으로 디지털 자원화를 추진한다. 문화유산의 복원 및 보존관련 기술을 개발하면서 다양한 공동 사업 기반을 마련한다. 셋째, 각국의 전통문화 디지털 자료를 수집하고 표준안을 마련, 문화통합의 한 예를 만든다.

위의 추진을 현실화하기 위해 기존 학계의 협력과 통합이 필요하다. 각국의 문화자원을 공동발굴하고 디지털화하기 위한 포럼을 구성하여 학문적 교류의 창을 만들어야 할 것이다. 포럼에서 제시된 운영방안이 준수되기 위한 추진체계 구축도 필수적이다.

3) 동북아 문화 투어

1989년 유럽연합은 '도시재개발'이란 EU의 공동과제를 해결하기 위해 기금지원 사업을 운영하였으며 문화를 통한 도시재개발 프로젝트를 수행하고 있다. 또 도시재개발 프로젝트를 수행하고 있는 도시간 네트워크를 구축하고 있는 상황이다. 문화로 지역개발에 성공한 나라로 깐느 영화제의 프랑스 깐느, 아비뇽 연극제의 프랑스 아비뇽, 카셀 도큐멘타의 독일 카셀, 비엔날레와 영화제의 베니스, 구겐하임 미술관의 스페인 빌바오, 전통문화와 현대문화의 조화로 유명한 일본 가나자와, 에딘버러 축제의 영국 에딘버러 등을 들 수 있다.

EU의 이런 영향을 벤치마킹하여 문화관광의 한 축으로 동북아 국가들이 문화투어 상품을 공동으로 개발하여 청소년들이 공동으로 참여, 문화공동체와 시민 의식을 고양하는 한편, 세계적으로 동북아 문화체험을 활성화시키도록 한다. 문화 투어는 문화의 교류와 체험의 장으로서 삼국 젊은이들이 문화적 공감대를 확보하는 장이 되는 한편 관광자원으로 중요한 의미를 갖는다는 점에서 중요하다.

구체적인 방법으로 동북아 사찰 관광, 문화유산, 자연 유산, 옛 문화 체험, 현대 문화 체험 등을 서로 엮어 패키지 투어를 마련한다. 문화도시로 선정된 곳을 집중적으로 개발하는 것도 좋은 전략이라 할 수 있다.

4) 문화 환경 보호 프로젝트

동북아 지역은 빠른 기간에 산업발전을 이룬 지역으로 자연히 환경 파괴, 전통문화의 파괴 문제가 심각한 지역이다. 이에 산업화 과정에서 야기된 환경 파괴의 문제를 문화적인 관점에서 접근하여 경쟁력 있는 문화자원을 발굴하도록 한다.

동북아는 한자, 유교문화, 서예, 의식주(젓가락, 의복의 유사함 등), 가계 등 공통적인 문화의 뿌리를 지니고 있었다. 최근 급속한 근대화로 마땅히 계승되어야 할 문화유산조차 버려지고 잊혀지고 있는 실정이다. 동북아 삼국이 이런 요소들을 찾아내어 보존하는 과정에서 삼국의 문화적 뿌리를 발견, 문화적 공감대와 정체성을 확보할 수 있다.

기실 한류(韓流) 현상도 그 근본 원인을 찾아보면 뿌리에서부터의 공통점에서 연유하는 경우가 많다. 드라마 〈가을동화〉와 〈공무도하가〉의 관계, 영화 〈천녀유혼〉과 〈금오신화〉의 관계를 이미 앞에서 말할 바 있다.

이런 예에서 알 수 있듯이 서로의 문화적 동질성을 확보하고 그 근원을 탐구해 들어가는 것은 삼국의 문화적 뿌리를 찾고 나아가 문화적 향유의 공감대를 형성하는 데 상당히 중요한 요소인 것이다.

구체적인 방법으로, 첫째, 청소년 단체를 중심으로 하는 문화환경 보호 회의를 개최, 교육과 캠페인에 주력한다. 둘째, 국제대회에서 캠페인 출범과 국가 지역별 운동을 전개한다. 셋째, 각국의 포털이 동참하는 사이버 문화환경 보호지대를 구축한다. 사이버상의 문화환경 보호 블로그를 제공하고 공동보호 및 저해 요인 제거를 위한 커뮤니티를 운영한다.

3. 문화콘텐츠의 교류

1) 역사 문화 멀티미디어 시범 교재 개발

삼국의 협력의 미래이자 희망이요, 구심점은 사실 자라나는 청소년이라 할 수 있다. 유럽 공동체는 일찍부터 이를 인지하고 국가 간 협력을 통한 학생 교류를 확대하고 과학과 기술 분야의 지역 네트워크를 구축하는 사업을 추진하고 있다.

이들 통합 교육 프로그램 중 하나로 소크라테스 프로그램이 있다. 1995년 3월 14일 유럽 이사회에서 결정되어 최초로 유럽 공동체 수준에서 교육 영역 전반을 포괄하는 소크라테스 프로그램은 유럽 공동체의 교육 개발, 상호 언어의 습득, 그리고 상호 문화 교류 촉진 등을 목적으로 하고 있다. 각 회원 국가의 문화유산을 이용하여 유럽 시민 정신을 고취하도록 교육개발을 하거나 유럽 연합의 언어에 대한 지식의 축적과 교육을 추진한다. 교육 분야를 전 유럽 차원에서 개방하여 졸업증서, 연구기관 등을 개방한다. 전 유럽 지역에서의 개방학습 및 원격 학습의 장려 등 교육을 통한 유럽 통합을 지향하고 있다.

동북아 삼국도 교육을 통한 문화통합의 정신을 받아들여 역사 문화 분야의 동질성 회복으로서의 미디어 교육 교재의 개발을 꾀할 필요가 있다. 동북아의 역사 문제를 해결하고 동질성을 위한 역사 자료를 중심으로 한 멀티미디어형 공동 교재가 필요하다. 특히 언어적 지리적 문제로 접근이 어려운 시민들에게 이 교재는 유용하다.

구체적인 추진 방향으로 첫째, 멀티미디어 교재 추진위원회를 구축, 각국의 교재 비교와 공동 멀티미디어 분야를 연구하여 공동체 의식을 함양할 수 있는 주제들을 선정하여 교재 개발을 한다. 둘째, 멀티미디어 부교재 라이브러리를 구축한다. 기존 자료를 체계적으로 정리하고 교육 교재로 만들어 정리한다.

2) 동북아 언어학습 프로그램 개발, 운영

한국어, 중국어, 일본어의 독특한 언어체계에 의한 문화적 이질감은 동북아 협력의 중요한 저해 요소이기 때문에 언어 문제의 해소가 시급한 실정이다. 일찍부터 유럽 연합은 링구아(Lingua, 언어교육 프로그램) 프로젝트를 통해 이런 문제를 해결하고 있다. 교원의 외국어 교육을 위한 유럽 협력 프로그램, 외국어 학습 분야에서 현직 연수, 미래의 외국어 교사를 위한 지원, 외국어 학습, 도구 개발 및 외국어 기술 습득 지원, 외국어 학습 교육 협력 프로젝트 등을 구체적 내용으로 담고 있다.

마찬가지로 한국도 초국가적 언어교육 프로그램을 운영함으로써 상호 교류와 이해를 바탕으로 한 문화적 공동체를 형성할 수 있으리라 생각한다. 첫째, 상호 교류를 원칙으로 하는 다양한 언어학습 방법론이 개발되어야 한다. 예로 동년배, 가족, 학급, 자유여행 등의 다양한 교류 형태의 개발을 들 수 있다. 둘째, 각국별 언어학습지원센터를 개설하여 운영하는 것도 좋은 방법이 될 수 있다. 홈스테이 형식으로 운영하는데 상호 매칭 형태로 대상자를 지정, 선정한다. 셋째, 중요 국제 행사에 대한 상호 교류형 참여 기회를 확대하고 기간별 참가자의 네트워킹을 지원한다.

더불어 사이버 번역 및 언어지원 센터도 구축되고 운영될 필요가 있다. 문화적 다양성과 동질성의 이해가 바탕이 되어야 통합이 이루어질 수 있다. 삼국의 언어를 자유자재로 구사하는 단계가 되기 전에는 당연히 문화적 이해를 도울 수 있는 문학, 문화, 사회적 기초가 되는 다양한 자료의 번역이 중요하다. 특히 이런 번역의 작업들이 사이버 공간에 구축될 때 자료의 공유가 원활하게 이루어질 수 있으리라 생각된다.

첫째, 사이버 번역 및 언어지원 센터가 구축 운영되어야 한다. 희귀자료나 은어 등 쉽게 상업화될 수 없는 것들을 중심으로 각국의 국어연구원이 참여하여 바른말을 지원하도록 한다. 둘째, 공동 번역 사업을 전개하여 사이버상에서 지원한다. 귀중한 자료의 다국어화를 공동지원하는 것이다.

3) 동북아 e-contents 개발

동북아 전 지역에 인터넷, 이동전화, 개인용 디지털 단말기 등의 사용자 수가 급속하게 늘고 있다. 이처럼 온라인 네트워크를 통해서 시공을 초월한 문화적 연대가 가능해진 상황에서 e-contents 개발은 사회문화 협력 사항에서 가장 시급하게 고민해야 할 부분이다. 전통문화, 예술, 엔터테인먼트, 관광, 교육, 레저, 스포츠 등과 관련된 유익한 정보를 축적, 보관하여 온라인상에서 열람 가능하도록 할 필요성이 제기되고 있다. 이런 자료들은 각 지역민들이 자신의 의식 속에 문화공동체로서 동북아를 상정하는 데 중요한 통로가 될 것이다. 이를 위해서 최초의 기획 및 개발 단계에서 동북아 각국의 협력이 요구된다.

디지털 기술을 통한 콘텐츠는 짧은 시간에 동북아 전 지역에 영향을 줄 수 있다. 특히 한국의 초고속 인터넷망이나 무선통신 기술은 세계적 수준에 이르렀으므로 이런 인프라를 바탕으로 콘텐츠를 개발할 때 동북아 지역에 주도적인 도움을 줄 수 있으리라 생각된다. 또한 동북아 문화자산에서 소재를 취하고 CT를 접목하여 문화콘텐츠를 개발했을 때, 문화적, 경제적 가치를 창출할 수 있으리라 생각한다.

중요 추진 방향으로는 첫째, 각국이 가진 문화유산이 공동의 자산이라는 의식을 심어주어야 할 것이며 둘째, 영화, 게임, 드라마, 게임, 캐릭터 등 문화산업 전반의 교류를 확대하고 온라인상에서 손쉽게 접하도록 창구를 늘려가야 할 것이다. 셋째, 나아가 동북아 각국이 미국이나 EU 등 선진국에서 만들어진 콘텐츠를 소비하는 대상이 아니라 콘텐츠 생산국으로서의 입지를 다져나가도록 협력하여야 할 것이다. 그러기 위해서는 동북아 지역민들이 배타적 경쟁 체제가 아니라 교류와 협력을 기반으로 공동체적 생산 분야를 늘려가야 할 것이다.

실천 방안으로는 첫째, 동북아 문화콘텐츠개발원을 설립, 운영하여 공동의 문화유산을 발굴하고 디지털 아카이브화하거나 각국의 문화유산을 문화산업의 창작 기반으로 자유롭게 활용할 수 있도록 정책적인 협력 방안을 모색해야 하겠다. 둘째, 동북아 문화, 스토리 뱅크를 구축하고 확충하는 방법도 있다.

4) 동북아 콘텐츠 공동제작 지원 시스템 구축

동북아의 정체성을 형성하고 문화공동체를 이루기 위해서도 그렇지만 문화산업은 21세기 가장 치열한 산업 격전장이 될 것이라는 점에서 동북아 공동시장 형성은 중요하다. 향후 세계에서 가장 크고 중요한 시장이 될 동북아를 겨냥하여 세계 국가들의 전략이 시작될 것이므로 각국별 장점과 특성 및 공통점을 지닌 콘텐츠의 공동 제작으로 세계시장을 선점할 기회를 잡아야 할 것이다.

EU의 경우, 지역 내 공동 제작 시 세제를 지원하거나 투자 보호 지원을 하는 정책을 운영하고 있다. 미국이나 캐나다의 경우에도 정부 차원의 콘텐츠 합작 지원이 존재한다. 캐나다는 국제 협력을 할 경우 사전 세제 지원이 있다. 일본은 동종 업종의 동참에 의한 제작 지원회가 결성되어 공동 투자와 공동 제작을 하고 있다. 반면 한국은 아직 제작사 또는 기획사의 기획에 투자자들이 참여 형태로 제작하고 있는 실정이다.

이제 동북아 문화산업 공동 협력을 위해 첫째, 공동제작 지원제도를 운영하고 둘째, 국가별 공동제작 협력 모델을 운영하여야 할 것이다. 셋째, 동북아 콘텐츠 공동제작 기금을 설치, 운영하는 한편 나아가 동북아 문화콘텐츠 공동시장을 만들어야 할 것이다.[3)]

5) 저작권 공동관리센터 구축

문화자원의 디지털화나 문화산업의 성장 과정에서 개인의 저작권 침해 문제가 심각하게 대두되고 있는 실정이다. 또 FTA 환경에서 세계의 블록화가 진행되고 이에 따른 공동 시장화가 진행되고 있는 상황에서 동일 지역의 공동 저작권의 필요성이 대두되고 있다.

저작권을 중심으로 하는 동북아 시장의 공동 보호 및 협력의 체계를 구축하고 동북아 중점 보호 콘텐츠의 유통 관리 시스템을 개발할 필요가 있다. 특히 저작권 및 유통과 관련된 표준화를 공동 추진하면서 삼국의 동질성을 확보할 수 있다.

이미 유럽이나 ASEAN, 남미 등에서는 저작권 등의 문화를 기반

---

3) 고려대학교 응용문화연구소, 「EU 문화콘텐츠의 개발 현황 조사 연구」, 2007.3의 사례 연구를 참조하였음.

으로 하는 산업의 지역화 현상이 나타나고 있다. 이는 미국 등 선진국이 저자 권리 확충을 위해 저작권리 보호 기간을 50년, 70년, 100년으로 늘리거나 새로운 영역을 확충하고 있는 상황에 대한 필수적인 대응책이기도 하다.

4. 사회문화 교류의 기반으로서의 미디어

1) 동북아 TV 채널 설립 · 운영

앞 장에서 언급한 바 있듯이 동북아 사회 통합의 움직임에 정보통신의 발달이 큰 역할을 해오고 있다. 이 상황을 이용한다면 이 시대 국가 간 소통의 중요한 도구로서 미디어를 통하여 삼국의 문화적 소통과 화합을 이룰 수 있을 것으로 보인다. 한국, 중국, 일본이 같은 뉴스를 보고 같은 드라마를 시청하는 과정에서 서로에 대해 이해하고 많은 의미를 공유할 수 있을 것이다.

그 일환으로 한 · 중 · 일 등 동북아 지역을 대상으로 하는 〈동북아 TV 채널〉을 공동으로 설립, 운영함으로써 동북아 지역의 문화공동체를 형성하여 문화적 이질감을 극복하며 나아가 문화공동체 토대로 동북아의 평화를 정착하고 더불어 잘살 수 있을 것으로 기대한다.

이 필요성은 참여정부의 중점과제에 나오는 '다원적 쌍방 교류 증진 필요성'이 제기되고 있는바, 방송은 문화 교류에 가장 효율적이다. 사람들은 방송의 드라마, 영화, 뉴스들을 보고 감동하고 환호하는 과정에서 한류에서 동아시아류로 상호 문화 교류가 일어날 수 있다.

추진주체는 의사결정 주체로서 동북아시대위원회가 제안하고 국가적 의제로 설정하여 대통령이나 국가 차원에서 일본, 중국에 제안하는 과정을 밟는다. 사업 추진은 방송위원회가 맞는데 문화관광부와 정보통신부는 협조부서의 역할을 한다.

이미 일본은 2006년 NHK 국제국장이 참여의사를 밝힌 바 있다. 그러나 중국은 경제 개방을 통해 자본주의적 요소를 도입하고는 있지만 아직도 사회주의 국가로서 철저한 중앙통제 장치하에서 방송을 운영하고 있기 때문에 상당한 노력이 필요하리라 예상된다. 만약 한중일의 입장 차이로 공동 추진이 어려울 경우, 〈한·일 간 공동채널〉을 운영하거나 한민족 중심의 한민족 네트워크 채널로 범위를 축소 운영할 수도 있다고 본다.

이미 독일과 프랑스를 중심으로 운영되는 〈Arte〉 방송국의 예도 있느니만큼 그렇게 어려운 일은 아니라고 본다. 대중 영향력이 강한 방송 매체를 통해 독일과 프랑스는 과거사를 극복하고 유럽통합을 주도할 토대를 만들었다.

2) 동북아 문화포털 구축

역사적·문화적 이질감이나 서로에 대한 반감 등을 극복하기 위해 사이버 공간상에 소통의 장을 만드는 것도 효과적이라 본다. 초고속 정보통신망의 확충으로 인터넷 정보가 주류인 시대가 도래했다. 특히 한국은 인터넷 인프라가 세계 최고의 수준에 이르렀으므로 선도적으로 인터넷을 통한 문화공간을 마련할 수 있으리라고 본다. 젊은 세대들이 다양한 정보를 수집하고 커뮤니티를 형성하도록 문화포털을 구축하는 일은 의미 있는 일이라고 본다.

구체적인 내용으로는 첫째, 문화유산, 문화정보를 제공하거나 상호 참여형 창의적 사이버 사회의 구축, 문화적 이해와 지적 향상을 위한 다양한 교육 및 자료의 제공이 가능한 문화포털 사이트를 구축한다. 둘째, 지리, 관광, 문화정보 등의 공동자원화를 위한 Web 2.0 사이버 운영으로 융합, 공동지식화, 참여를 위한 기본적인 시스템을 제공하고 표준화와 공개된 접근과 융합에 의한 시민참여형 운영을 진행한다. 셋째, 사회문화협력 각종 사업의 수행이 가능한 장으로 사이버 공간을 활용한다. 이곳은 각종 사회문화협력사업의 공개 및 공유의 장, 각국의 문화예술 정보의 다국어 및 멀티미디어 정보 제공의 장이 될 것이다.

3) Asia Graph 개최

동북아의 특성을 가진 기술개발과 연계된 학술 및 콘텐츠 전시회를 마련하여 차별화된 인재, 정보 및 기술을 공유하는 장을 마련, 사회문화교류협력의 기술과 연합된 시너지 효과를 창출하기 위해 대규모 학회를 개최할 필요가 있다.

최근 선진국이 일방적으로 주도해 온 중요한 산업의 전시와 컨퍼런스가 차츰 지역과 전문성이 가미된 분산형태로 추진되고 있는데, 동북아는 각국들이 자체적으로 국제적 행사를 개최하고 있으나 구심력이 부족하여 어려운 상황이다. 그러나 동북아는 현재 콘텐츠와 관련된 기술적 영역에서 우위를 가지고 있으므로 동북아에서 기술개발이 연계된 콘텐츠 전시회를 개최하여 그 경쟁력을 보일 필요가 있다고 본다.

각국별로 대표 학회를 정하여 학회가 기초 추진위를 구성하여 참여국이 순환형의 개최를 하는 것을 원칙으로 한다. 기본적인 운영에 대한 원칙으로는 첫째, 개최국이 집행위원회를 구축하여 집행, 둘째, 전체적인 기획과 운영에 대해 사전에 운영위원회와 협의, 셋째, 운영위원회의 운영은 개최국의 부담으로 진행, 넷째, 수익 발생 시 운영위원회 운영경비를 수익에서 충당하도록 조치 등이 있다.

5. 동북아문화협력기구(NACO: Northeast Asian Cultural Cooperation Organization)의 창설

동북아 지역의 국가 간 문화협력을 증진하기 위하여 각 정부기관이 참여한 문화협력 기구를 창설할 필요가 있다. 물론 기존의 국제기구 차원의 문화협력 프로그램이 존재하고 있기는 하다. 예를 들어 유엔교육과학문화기구(UNESCO: United Nation Educational, Scientific and Cultural Organization / 1946), 동남아시아국가연합(ASEN: Association of Southeast Nations / 1967), 대한민국 정부와 몽골인민공화국 정부 간의 문화협력에 관한 협정(1991), 대한민국 정부와 중화인민공화국 정부 간의 문화협력에 관한 협정(1994), 아시아 협력대화(ACD: Asia Cooperation Dialogue)(2002), 동북아 문화유산 센터, 동북아 무형문화유산센터(한국 추진 중) 등이 존재한다.

이런 프로그램들의 지역적 특화성 및 개별적인 정부 간의 문화협정을 강화하여 동북아 지역의 실질적인 문화 소통, 상생을 위한 국제협력기구를 창설하고 추진할 필요가 있다.

구체적인 추진 방향으로 첫째, 동북아 문화협력 차기 구상의 실행

기구로서 또 동북아 정부 간의 공식적 기구로서 협력기구를 창설, 추진한다. 둘째, 이 기구는 기존 국제기구 차원의 문화협력 프로그램의 지역적 특화성 및 개별적인 정부 간의 문화협정을 강화하여 동북아지역의 실질적인 문화 소통, 상생을 위한 국제협력기구의 성격을 지닌다. 셋째, 절차로는, 기존 국가 간의 문화협력에 관한 협정을 계승하고, 나아가 상호 문화협정이 미진한 국가 간 협정을 포괄적으로 협정 추진한다. 넷째, UNESCO 및 ASEN 등 국가 간의 연합 등에서 추진되었던 문화분야의 사업을 연계 확대 추진한다.

구체적인 실천 방향으로 첫째, 동북아 사회문화협력 차기구상의 큰 틀에서 "동북아 문화협력선언 또는 제안"으로 발의하는데 정상회담, 문화장관회의 또는 기존의 삼국문화관련 회의를 통한 제안하는 형식을 갖는다. 둘째, 주요기구로는 정상회의, 문화장관회의, 상임위원회, 사무국 등을 둔다. 셋째, 문화 분야별 공동사업을 위한 기금을 조성하여 운영한다[4].

---

4) 2006년 10월－2007년 5월까지 진행된 "동북아 문화콘텐츠 발굴, 확산을 위한 TF 팀의 정책 제안"을 참고로 하여 다시 작성된 것임(참여연구원 설기환, 최혜실, 임영상, 김성도, 김동윤, 이근명, 정정숙, 채지영, 김기헌).

저자 소개

최혜실(崔惠實) 서울대학교 국어교육과 졸업
서울대학교 대학원 국어국문학과 졸업(문학박사)
현재 경희대학교 국어국문학과 교수

아산재단 연구총서 제303집

한류 문화와 동북아 공동체 값 9,500원

2010년 11월 30일 1판 1쇄

저 자 최 혜 실
발 행 인 임 동 규
발 행 처 **집 문 당**
주 소 413-756 경기도 파주시 교하읍 문발리 514-7(본사)
110-360 서울시 종로구 와룡동 95번지(서울사무소)
등 록 1971. 3. 23. 제406-2003-000039호
영 업 부 (02)743-3192~3 팩스(02)742-4657
전자우편 sale@jipmoon.co.kr
편 집 부 (02)743-3096 팩스(02)743-3097
전자우편 edit@jipmoon.co.kr
홈페이지 www.jipmoon.co.kr

ISBN 978-89-303-1498-5
978-89-303-1500-5(세트)

이 도서의 국립중앙도서관 출판시도서목록(CIP)은 e-CIP 홈페이지
(http://www.nl.go.kr/ecip)에서 이용하실 수 있습니다.(CIP제어번호: CIP2010003883)

아 | 산 | 재 | 단 | 연 | 구 | 총 | 서

1 전환기의 중국경제
김윤환 외 | 단국대 경제학과

2 폴란드 경제의 변천 개혁과 그 전망
김광수 | 숭실대 경제학과

3 재소한인
이광규 외 | 서울대 인류학과

4 소련산림과 임업
홍성천 외 | 경북대 임학과

5 아세안의 정치경제
김국진 외 | 외교안보연구원

6 태국의 사회변동과 경제발전
최석만 외 | 전남대 사회학과

7 중국의 사회경제 통계분석
신한풍 외 | 고려대 통계학과

8 중국의 정치와 경제
박두복 외 | 외교안보연구원

9 동유럽의 개혁과 시장경제의 도입
허만 외 | 부산대 사범대학

10 동유럽의 개혁운동
박영신 | 연세대 사회학과

11 현대 러시아 연구
기연수 외 | 한국외대 노어과

12 전략적 선택과 기업의 국제경쟁력
이장호 | 서강대 경영대학

13 협동사회의 정착과 정부의 역할
이종범 외 | 고려대 행정학과

14 한국 제조기업 생산성의 동적 분석
노부호 외 | 중앙대 경영대학

15 분배의 정의
변형윤 외 | 서울대 경제학과

16 도덕적 행동의 강화
이훈구 외 | 연세대 심리학과

17 관료부패와 통제
김해동 외 | 서울대 행정대학원

18 한국경제의 내실 있는 성장
정창영 외 | 연세대 경제학과

19 한국국민정신운동의 역사와 발전방향
박수명 외 | 부산대 사범대학

20 한국대학생의 가치성향과 상담효과
이영희 외 | 숙명여대 교육학과

21 가출청소년과 학교관리체제
안창규 외 | 부산대 교육학과

22 동북아 정세변화와 한・일관계
한승조 외 | 고려대 정치외교학과

23 언론과 부정부패
정대철 외 | 한양대 신문방송학과

24 한국의 고등학교 교육
이원호 외 | 부산대 교육학과

25 가족과 방송
김학수 외 | 서강대 신문방송학과

26 재정개혁의 전망과 재산세제의 개편 과제
오연천 | 서울대 행정대학원

27 청소년을 위한 전자게임 프로그램의 규제 및 평가체계 개발
박혜원 외 | 울산대 가정관리학과

28 정신장애자 가족의 사회심리적 특성
이근후 외 | 이화여대 의과대학

29 가족의 관계역동성과 문제인식
이광규 외 | 서울대 인류학과

30 현대인과 한국전통음식
승정자 | 숙명여대 식품영양학과

31 기업의 초고속정보통신망활용
안중호 | 서울대 경영학과

32 지역발전을 위한 교육자치제의 개선방안
김남순 | 조선대 사범대학

33 전환기의 공무원 가치관
조경호 | 울산대 행정학과

34 지방자치와 사회복지의 과제
김영모 | 중앙대 사회복지학과

35 WTO체제하의 지방중소기업 지원정책
최명주 외 | 계명대 통상학부

36 현대한국의 시민운동
이효선 | 중앙대 사회학과

37 기업 세계화의 단계 및 정도의 측정
허영도 외 | 울산대 경영학과

38 가족복지를 위한 가족주치의 시범사업의 효과
이혜리 외 | 연세대 가정의학교실

39 한국대학생의 삶의 만족도
김재은 외 | 이화여대 교육심리학과

40 지역경제와 지역산업구조의 개편방향
정기화 외 | 전남대 경제학부

41 중국기업의 소유형태별 경영특성
노철화 외 | 부산대 무역학과

42 남북한의 인성・사상교육
한승조 외 | 고려대 정치외교학과

43 연계적 뇌기능 조언을 위한 의료용 멀티미디어 시스템의 설계
유선국 | 연세대 의용공학교실

44 다민족국가의 민족문제와 한인사회
최협 외 | 전남대 인류학과

45 저소득층지역 청소년 여가문화와 소집단 활성화
박문수 외 | 서강대 사회학과

46 삶의 질의 국제비교와 지역간 비교분석
이재기 외 | 울산대 경제학과

47 21세기 지역주민의 삶의 질
양종회 외 | 성균관대 사회학과

48 삶의 질에 대한 국가간 비교
조명한 외 | 서울대 심리학과

49 외국인 노동자의 노사관계와 사회적 적응
석현호 외 | 성균관대 사회학과

50 한국의 사법제도와 발전 모델
정종섭 | 건국대 법학과

51 고령화사회와 중상층 노인의 사회활동
조성남 외 | 이화여대 사회학과

52 한국의 서비스 시장 개방정책
한홍렬 | 한양대 경제학부

53 한국과 AFTA간의 교역증진 및 경제 협력방안
손일태 외 | 경희대 경제통상학부

54 물류비 절감을 위한 무역업체의 정보화전략
이영수 외 | 경북대 경제통상학부

55 사회주의 체제전환과 사회정책
오정수 외 | 충남대 사회복지학과

56 남북통일 이후 농업생산체계 개편
홍성규 외 | 건국대 농업경제학과

57 국제화와 세계화
하영선 외 | 서울대 외교학과

58 IMF 개혁정책의 평가와 한국경제의 신(新) 패러다임
조동근 | 명지대 경제학과

59 구조개혁과 실업대책
박동운 | 단국대 경제무역학부

60 21세기 신노사관계
심윤종 외 | 성균관대 사회학과

61 학교에서의 집단 따돌림
이춘재 외 | 가톨릭대 심리학과

62 한국노인의 정신건강실태와 건강증진
조맹제 외 | 서울대 의과대학

63 혁명과 개혁 속의 중국 농민
김광억 | 서울대 인류학과

64 중국의 경제환경과 한국기업의 진출 전략
지용희 외 | 서강대 경영학과

65 김대중 대통령의 시스템 사고
김동환 | 중앙대 공공정책학부

66 실업과 가족해체
최일섭 외 | 서울대 사회복지학과

67 합리적 부채비율 조정방안
오상근 | 동아대 경제학과

68 한국 중산층의 생활문화
문숙재 외 | 이화여대 소비자 · 인간발달학과

69 계층간 갈등상태에서 최적소득세
김진욱 | 건국대 경상학부

70 글로벌 경쟁력 제고를 위한 기업전략과 조직구축
이만우 외 | 고려대 경영학과

71 의료보험과 국민연금의 관리효율화를 위한 통합방안
사공진 외 | 한양대 경제학부

72 정부개혁의 과제와 전략
박우서 외 | 연세대 행정학과

73 책임운영기관 제도에 관한 비교분석
김근세 | 가톨릭대 행정학과

74 새로운 패러다임하에서의 한국기업의 바람직한 지배구조
최운열 외 | 서강대 경영학과

75 현대 한국사회의 계층구조
양춘 외 | 고려대 사회학과

76 한국의 산업정책과 산업구조조정
강인수 | 숙명여대 경제학부

77 기업구조조정
김석진 | 경북대 경영학부

78 지식경영을 위한 인적자원 개발 및 관리체계
장영철 | 경희대 경영학부

79 뉴 비즈니스 모델
전성현 | 국민대 정보관리학부

80 중산층의 정체성과 소비문화
함인희 외 | 이화여대 사회학과

81 외국관광객 유치를 위한 마케팅 전략
박상규 | 강원대 경영학과

82 한국인의 세대별 문학의식
이동순 | 영남대 국문과

83 공공부문의 효율성 평가와 측정
김재홍 외 | 울산대 사회과학부

84 한국 청소년의 정치의식과 형성요인
김광웅 외 | 숙명여대 아동복지학과

85 한국 대학생의 정치의식
배한동 | 경북대 윤리교육과

86 산업의 정보화와 산업발전
이기동 | 계명대 통상학부

87 한국 제조업의 고용조정 분석
이종원 외 | 성균관대 경제학부

88 지식자산에 대한 경영전략적 평가모형 개발
배재학 외 | 울산대 컴퓨터 · 정보통신공학부

89 관광사업을 위한 한국적 이미지의 휴식복 개발
채금석 | 숙명여대 의류학과

90 한국 정치제도의 개혁
신정현 | 경희대 사회과학부

91 e비즈니스와 아웃소싱 전략
정승화 외 | 연세대 경영학과

92 집단 따돌림의 진단 및 치료방안
홍준표 | 중앙대 인간생활환경학과

93 16대 총선과 낙선운동
조기숙 | 이화여대 국제대학원

94 부동층 유권자 행태 분석
진영재 | 연세대 정치외교학과

95 사이버 공동체의 성공요인
이재관 | 숭실대 경영학부

96 온라인 소비자 행동의 이론과 실증
윤성준 | 경기대 경영학부

97 글로벌 시대 정약용 세계관의 가능성과 한계
차성환 | 한일장신대 역사사회학과

98 러시아의 체제전환 과정에서 나타난 국가의 역할과 그 전망
이상민 외 | 부산대 정치외교학과

99 남북한의 경제발전 수준과 산업구조 비교, 그리고 경제교류 협력방향
주성환 | 건국대 경제학과

100 집단따돌림과 교육해체
한준상 | 연세대 교육학과

101 공적연금제도의 효율성과 개선방안
유금록 | 군산대 행정복지학부

102 벤처기업-대기업의 성공적인 협력 모델
나중덕 | 경산대 경영학과

103 북한의 재외동포정책
조정남 외 | 고려대 정치외교학과

104 사이버 공동체 형성의 역동적 모형
장용호 | 서강대 신문방송학과

105 기업이론과 기업의 소유지배구조
김일태 외 | 전남대 경제학부

106 가축분뇨 자원화를 위한 공동이용조직에 대한 농가선호도 분석
유덕기 | 동국대 생명자원경제학과

107 개혁정책과 전문가 집단
이경원 외 | 제주대 행정학과

108 현대 한국사회의 이중가치체계
신수진 외 | 이화여대 가정관리학과

109 한국의 산업구조 변화와 기업집단 다각화 전략
김용학 외 | 연세대 사회학과

110 지식정보사회의 경제적 모형 설정 및 사례 연구
김범환 | 배제대 경영정보학부

111 변호사징계제도
오종근 | 한림대 법학부

112 인터넷 특허법
김순석 | 광주대 법학과

113 e-비즈니스 시대의 금융 및 재정정책의 새로운 패러다임
이종욱 | 서울여대 경제학과

114 청소년의 하위문화와 정체성
조성남 | 이화여대 사회학과

115 디지털금융시대의 금융구조변화와 정부규제 및 정책
이충열 | 고려대 경제학부

116 지식경영을 위한 기업의 조직설계방안
김경수 외 | 전남대 경영학과

117 전자금융의 발달과 경제정책의 새로운 패러다임
이명훈 | 명지대 경제학과

118 동아시아의 안보와 유엔체제
강성학 편저 | 고려대 정치외교학과

119 유료 치매노인 그룹홈의 개발과 관련 정책
최정신 외 | 가톨릭대 소비자 · 주거학과

120 소비자 지향적 문화산업 정책
홍영준 | 호남대 광고홍보학과

121 국제 · 국가 · 지방 환경규제의 연계
정준금 외 | 울산대 행정학과

122 현행 회사 합병 · 분할제도의 평가와 개선방안
옥무석 외 | 이화여대 법학과

123 배려지향적 도덕성과 정의지향적 도덕성
정옥분 외 | 고려대 사범대학

124 기업구조조정에 대한 채권금융기관 및 금융감독기관의 역할과 책임
이중기 | 한림대 법학과

125 실업대책으로서 한국의 법정기준근로시간 단축
박영범 | 한성대 경제학과

126 프랑스어의 비분리성 소유개념 표현
노윤채 | 연세대 언어정보연구원

127 지방채의 효율적 관리방안
강태구 | 호원대 법행정학부

128 21세기 산업구조 변화와 과학기술정책
임채성 외 | 그리스도신학대 경영정보학부

129 인터넷 쇼핑몰 이용자의 불평행동
예종석 | 한양대 경영학부

130 한국기업의 성과급제도 현황, 효과 및 개선방안
김성수 | 서울대 경영학과

131 전자상거래와 소비자보호
서민교 외 | 경일대 인터넷국제통상학과

132 평생학습 사회에서의 인적자원개발을 위한 사회적 파트너십 구축
김영화 | 홍익대 교육학과

133 한국 공교육의 새로운 구상과 전략
권대봉 외 | 고려대 교육학과

134 한국의 정부개혁
김태룡 | 상지대 행정학과

135 지방정부 생산성 측정의 이론과 실제
이은국 외 | 연세대 행정학과

136 불가 시문학론
배규범 | 경희대 학술연구 교수

137 남북경제교류의 법적 문제
제성호 | 중앙대 법학과

138 경제위기와 청소년 발달
구인회 | 서울대 사회복지학과

139 생명과학기술의 응용과 기본권보호적 한계
정상기 외 | 한남대 법학과

140 경제발전과 정치환경의 한·일 비교분석
정갑영 외 | 연세대 동서문제연구원

141 한국 공교육의 진단
윤정일 외 | 서울대 교육학과

142 우리나라 지방자치 발전을 위한 자치단체장의 역할
정성호 외 | 경기대 사회과학부

143 의료보험제도의 개혁방안
권순원 | 덕성여대 경제학과

144 중등 도덕교육의 현실과 문제
손동현 외 | 성균관대 철학과

145 사이버공동체 발전론
이명식 | 상명대 경영학과

146 남북경협 확대에 대비한 북한 담보제도의 정비방안
박훤일 | 경희대 법과대학

147 한국 공무원 인사제도 개혁
김판석 | 연세대 행정학과

148 교사화법 교육
임칠성 외 | 전남대 국어교육과

149 세계화의 문화정치학
임혁백 외 | 고려대 정치외교학과

150 효과적인 e-SCM을 위한 의사결정 조정 시스템 모형
이원준 | 성균관대 경영학부

151 환경거버넌스
김종순 외 | 건국대 행정학과

152 자동차산업의 인적자원관리
이덕로 | 서원대 경영학부

153 한국과 영국 간 지식기반산업 비교
이명호 | 한국외대 경영학과

154 한국 벤처기업의 기술네트워킹 및 기술마케팅 전략
장영일 | 인제대 경영학부

155 회사변호사의 윤리
오승종 | 성균관대 법과대학

156 미디어교육론
이정춘 | 중앙대 신문방송학과

157 조선시대 서원과 양반
윤희면 | 전남대 역사교육과

158 환경문제와 철학
박찬국 | 서울대 철학과

159 노인보건복지 이론과 실제
김명 외 | 이화여대 보건교육학과

160 북한의 법체계
권재열 외 | 숭실대 법학과

161 생명공학기술의 안전성 확보에 관한 법적 고찰
이재협 | 경희대 법학부

162 청소년복지학
김성이 외 | 이화여대 사회복지학과

163 변화하는 세계, 변화하는 복지국가
조영훈 | 동의대 사회복지학과

164 의리의 윤리와 한국의 유교문화
김낙진 | 진주교대 도덕교육과

165 미국의 통상정책과 통상법
윤충원 | 전북대 무역학과

166 사회복지 프로그램 평가
김학주 | 경상대 사회복지학과

167 환경주의와 지속가능한 발전
정대연 | 제주대 사회학과

168 무역과 환경
김기흥 외 | 경기대 경제학부

169 산업계 유해폐기물의 위험과 관리
김금수 | 호서대 경상학부

170 백범 김구의 지적 계발과정 탐색
문용린 | 서울대 교육학과

171 태평양전쟁 발발 이후 일제의 인적 지배와 그리스도교계의 대응
윤선자 | 전남대 사학과

172 거버넌스 상황에서 갈등관리를 위한 대체적 분쟁해결제도
서순복 | 광주대 법정학부

173 시장경제의 유형과 민주주의
최배근 | 건국대 경상학부

174 일본고전소설 총론
김현정 | 국립한국전통문화학교

175 국어 교육을 위한 국어 문법론
이관규 | 홍익대 국어교육과

176 율곡의 군주론
전세영 | 부산교대 윤리교육과

177 동북아시아 환경협력
정서용 | 명지대 법학과

178 기후변화협약과 기후정책
신의순 외 | 연세대 경제학과

179 인터넷과 국제 학술정보 네트워크-하이퍼링크 분석
박한우 | 영남대 언론정보학과

180 국내 기업복지의 활성화 방안
최수찬 | 연세대 사회복지대학원

181 세계화와 인간안보
김우상 외 | 연세대 정치외교학과

182 세계문화유산 종묘 이야기
지두환 | 국민대 국사학과

183 한국 평생교육의 사회철학적 과제
곽삼근 | 이화여대 교육학과

184 강점모델
정순둘 | 이화여대 사회복지학과

185 글로벌시대의 계약법
박영복 | 한국외대 법과대학

186 배심제와 시민의 사법참여
안경환 | 서울대 법학과

187 동북아공동체
김재한 | 한림대 정치외교학과

188 정치 참여와 탈물질주의
김욱 | 배재대 정치외교학과

189 퍼지전문가회로망을 이용한 금융기관의 사이버 기업여신결정 지원시스템의 개발
권혁대 | 목원대 경영학과

190 환경정책과 환경법
송인성 | 전남대 지역개발학과

191 포스트모던 시대의 평생교육학
한숭희 | 서울대 교육학과

192 현대 한국인의 세대경험과 문화
박길성 외 | 고려대 사회학과

193 서구의 근로연계복지
김종일 | 건국대 사회복지학과

194 사회복지운동론
현외성 | 경남대 사회복지학과

195 외국의 역모기지 사례
유선종 | 건국대 부동산학과

196 옛이야기와 어린이문학
이지호 | 진주교대 국어교육학과

197 노인사회복지관광의 정책과제와 방안
김창수 | 경기대 관광학부

198 복지서비스의 민간위탁 시스템 분석
김순양 | 영남대 행정학부

199 새로운 빈곤층의 대두와 정부의 정책과제
김진욱 | 건국대 경제학과

200 문화행정론
김정수 | 한양대 행정학과

201 스칸디나비아 노인용 코하우징의 계획과 적용
최정신 외 | 가톨릭대 생활과학부

202 북한의 자연생태계
공우석 | 경희대 지리학과

203 통계로 이해하는 러시아
전홍찬 | 부산대 정치외교학과

204 사회복지법인의 경영과 회계
이동규 | 충남대 회계학과

205 의약분업 정책과정
차흥봉 | 한림대 사회복지학과

206 지역공동체와 평생교육
오혁진 | 동의대 평생교육학부

207 아동보호서비스의 실제
한미현 | 백석대 사회복지학부

208 그린마케팅
박재기 | 충남대 경영학부

209 아동권리와 아동복지
이혜원 | 성공회대 사회복지학과

210 국제 이주와 인도인 디아스포라
김경학 | 전남대 인류학과

211 질병과 의료의 사회학
조병희 | 서울대 보건대학원

212 북한이탈주민의 사회통합을 위한 지역복지실천의 모색
이기영 | 부산대 사회복지학과

213 치매노인케어론
조유향 | 초당대 간호학과

214 노인상담입문
서혜경 외 | 한림대 대학원 사회복지학과

215 '통일 이후 통일과정'으로서의 독일 통일영화
이준서 | 이화여대 독어독문학과

216 중국의 사회보장
오정수 | 충남대 사회복지학과

217 환경자원의 경제적 가치와 환경오염의 사회적 비용
김재홍 | 울산대 사회과학부

218 사회복지프로그램의 경제적 평가방법
박창제 외 | 상주대 사회복지학과

219 자유의지와 결정론
안건훈 | 강원대 철학과

220 심리학자들이 쓴 행복한 결혼의 심리학
채규만 외 | 성신여대 심리학과

221 현대 해석학 강의
양해림 | 충남대 철학과

222 한국인의 주거 빈곤과 공공주택
하성규 | 중앙대 도시 및 지역계획학과

223 IMF 경제위기와 한국 출산력의 변화
김두섭 | 한양대 사회학과

224 동아시아의 영토분쟁과 국제법
이석우 | 인하대 법학부

225 독일 복지국가와 사회복지서비스
정재훈 | 서울여대 사회사업학과

226 사회복지사를 위한 실용 비모수통계
엄명용 | 성균관대 사회복지학과

227 피해자학 연구
이윤호 | 동국대 경찰행정학과

228 광고언어창작론
박영준 외 | 부경대 국어국문학과

229 환경규제 패러다임의 전환
한철 | 한남대 법학과

230 고령사회의 노동환경변화와 고용시스템의 문제점 및 법적 대응
고준기 | 국립군산대 법학과

231 세계화와 소득불평등
이성균 외 | 울산대 사회과학부

232 유비쿼터스 사회의 이해
안중호 외 | 서울대 경영학과

233 국제환경책임법론
박병도 | 건국대 법학과

234 한국의 선거와 민주주의
윤종빈 | 명지대 정치외교학과

235 한국 시민운동의 구조와 동학
조대엽 외 | 고려대 사회학과

236 또래관계
송영혜 | 대구대 재활심리학과

237 해외 한국기업과 현지인 노동자
석현호 외 | 에스콰이아학술문화재단

238 독일 국가복지에서 민간복지단체의 역할과 의미
차성환 외 | 한일장신대 사회복지학부

239 청정공학
조정호 | 동양대 생명화학공학과

240 한국전통연희론
심상교 | 부산교육대 국어교육학과

241 정신장애와 가족
서미경 | 경상대 사회복지학부

242 빈곤통계의 작성과 활용
김주환 | 동국대 정보통계학과

243 인터넷과 한국정치
강원택 | 숭실대 정치외교학과

244 북한의 시장경제이행
정영화 외 | 서경대 법학과

245 시스템사고로 본 지속가능한 도시
문태훈 | 중앙대 도시및지역계획학과

246 실버산업과 유비쿼터스 컴퓨팅
고일상 | 전남대 경영학부

247 재활상담과 사례관리
나운환 | 대구대 직업재활학과

248 영유아교육기관에서의 장애 이해 교육
유수옥 | 우석대 유아특수교육과

249 장애의 사회적 의미와 사회통합
박수경 | 대진대 사회복지학과

250 경제분석의 수리적 기초
조인성 | 공주대 경제통상학부

251 비영리부문의 비교연구
김승현 | 서울산업대 행정학과

252 고등교육경제학
반상진 | 전북대 교육학과

253 과학윤리교육의 이론과 방법
조희형 | 강원대 과학교육학부

254 결혼이민자가족의 이해
김오남 | 대불대 사회복지학과

255 동아시아 국가의 공공부조
신동면 | 경희대 사회과학부

256 특수아동 진단 및 평가
이나미 | 대불대 특수교육과

257 계약형 사회복지와 권리옹호시스템
이명현 | 경북대 상주캠퍼스 사회복지학과

258 실내공기질 및 위해성 관리
양원호 | 대구가톨릭대 산업보건학과

259 충남 방언 문법
한영목 | 충남대 국어국문학과

260 교육권론
노기호 | 군산대 법학과

261 도시경관계획론
임승빈 | 서울대 조경 · 지역시스템공학부

262 교통의 새로운 패러다임
김형철 | 경원대 도시계획 · 조경학부

263 노인의 삶의 질 향상을 위한 주거환경 디자인
천진희 | 상명대 디자인대학 실내디자인전공

264 사회복지와 문화
박병현 | 부산대 사회복지학과

265 장애인복지의 이론과 실제
이선우 | 인제대 사회복지학과

266 창의성 개발을 위한 디자인교육 콘텐츠
김선영 | 인천가톨릭대 조형예술대학 환경디자인학과

267 구성주의 사회복지 실천 기술론
고미영 | 서울신학대 사회복지학과

268 장애아교육학
김기흥 | 부산교육대 유아교육과

269 지역사회복지와 자원부문
한상진 외 | 울산대 사회학과

270 환경관리회계
육근효 | 부산외국어대 회계학부

271 인권 관점에서 보는 장애인복지
유동철 | 동의대 사회복지학과

272 정신증상
송지영 | 경희대 의과대학병원 신경정신과

273 사이버공간의 사회심리학
이성식 외 | 숭실대 정보사회학과

274 노인에 대한 사회적 돌봄과 돌봄 서비스의 질 보장
최희경 | 신라대 가족노인복지학과

275 아동 심리치료의 실제
신현균 | 전남대 심리학과

276 사회복지와 위험관리
노충래 | 이화여대 사회복지전문대학원

277 국제 탄소시장의 이해
양승룡 | 고려대 식품자원경제학과

278 타자의 초상
신문수 | 서울대 영어교육과

279 한국정치와 환경정치
나정원 | 강원대 정치외교학과

280 북한이주민
윤인진 | 고려대 사회학과

281 음주의 사회경제적 비용
정우진 외 | 연세대 보건대학원

282 지방정치와 동북아 도시거버넌스
박재욱 | 신라대 행정학과

283 노숙인 복지론
남기철 | 동덕여대 사회복지학과

284 유럽통합과정과 지역협력
이규영 | 서강대 국제대학원

285 사회복지재정 연구
지은구 | 계명대 사회과학대학 사회복지학과

286 지역사회 교육개혁을 위한 시민사회 조직의 참여
김영화 | 홍익대 교육학과

287 복지사회를 대비한 국민연금의 구조개혁
박영석 외 | 서강대 경영학부

288 한미 FTA 지재권 협상에 따른 의약품 분야 사회후생 변화
오근엽 | 충남대 무역학과

290 감성지능 개발을 통한 삶의 질 향상
김경수 외 | 전남대 경영학부

291 교육복지론
이용교 외 | 광주대 사회복지학부

292 인간과 행복에 대한 철학적 성찰
박찬국 | 서울대 철학과

293 유럽연합의 사회통합 사례와 교훈
이무성 | 명지대 정치외교학과

294 민영화와 사회후생
이상호 | 전남대 경제학부

295 북한의 교육학 체계 연구
최영표 외 | 동신대 교육대학원

296 한국 지속가능발전의 구조와 변동
정대연 | 제주대 사회학과

297 우리나라의 공익 연계 마케팅에 관한 연구
임승희 | 전주대 경영학부

298 시각장애인복지론
김영일 | 조선대 특수교육과

299 그린에너지와 환경촉매
정석진 | 경희대 화학공학과 교수

300 취약학교 초등학생을 위한 온라인 보건 교육 프로그램
박경옥 | 이화여대 보건관리학과

301 신탁제도를 통한 고령자의 보호와 지원
최수정 | 서강대 법학전문대학원

302 사회적 약자계층에 대한 실태분석 및 정책방안
이은우 외 | 울산대 경제학과

303 한류 문화와 동북아 공동체
최혜실 | 경희대 국어국문학과

아 | 산 | 재 | 단 | 연 | 구 | 보 | 고 | 서

1 한국인의 도덕성 연구
배해수 | 고려대 국문학과

2 산업화와 청소년 진로
이원호 | 울산대 교육학과

3 공동체의식과 시민운동
김영섭 | 한양대 행정학과

4 한국청년의 삶의 의미 충족도와 만족적 태도
안정수 | 경희대 철학과

5 중국조선족의 사회발전과 한·중관계의 위상
손장권 | 고려대 사회학과

6 해송림 "솔껍질깍지벌레"의 천적 및 주요 종의 생태
김규진 | 전남대 농생물학과

7 사회정의와 실천윤리
박종대 | 서강대 철학과

8 동구개혁의 영향
김달중 | 연세대 정치외교학과

9 한국청소년의 의식세계
김문조 | 고려대 사회학과

10 고강도 철근 콘크리트 구조의 실용화
정헌수 | 중앙대 건축학과

11 신기술의 연관형태 및 출현예측의 구조모형
권철신 | 성균관대 산업공학과

12 민간기업의 연구개발을 위한 조세정책
권영훈 | 한양대 경제학부

13 기술개발 활성화방안
송승구 | 울산대 화학공학부

14 부패의 현상과 진단
이문조 | 영남대 정치외교학부

15 연구투자의 지역적 편중화와 부산지역의 기초과학연구 활성화방안
윤웅찬 | 부산대 화학과

16 GATT의 신구 덤핑방지협정과 그 대응방안
전창원 | 동국대 무역학과

17 한국사회의 도덕성 제고를 위한 진단과 처방
황경식 | 서울대 철학과

18 새로운 노사관계 방향
이진규 외 | 고려대 경영학과

19 21세기 동북아 정세예측과 한국의 전략적 대응방안
최평길 외 | 연세대 행정학과

20 소련의 한국에 대한 정책목표분석
신승권 | 한양대 정치외교학과

21 메모리 커패시터용 $Pb(Zr_xTi_{1-x})O_3$ 강유전체 박막의 제작과 특성
장지근 외 | 단국대 전자공학과

22 러시아 국제법학의 전통
김용구 | 서울대 외교학과

23 유럽연합의 현황과 전망
김동현 외 | 성균관대 행정학과

24 중국의 정치동원
송영우 외 | 건국대 정치외교학과

25 산업적 활용을 위한 이동로보트 시스템의 개발
박민용 외 | 연세대 전자공학과

26 중국조선족의 정치사회화과정과 동화적 국민통합의 방향
전인영 외 | 이화여대 사회생활학과

27 공적부조의 이론과 실제
최일섭 외 | 서울대 사회복지학과

28 대외통상환경의 변화와 법제개편
서헌제 | 중앙대 법학과

29 기업금융의 국제화
최생림 | 한양대 경영학부

30 자동차부품공업의 노사관계
김호진 외 | 고려대 행정학과

31 산업화 과정에서의 한국가족의 실태와 전망
정창수 외 | 성균관대 사회학과

32 공무원 가치관 실태와 정립방안
배병룡 외 | 경상대 행정학과

33 해외귀국청소년의 국내적응연구
이장영 | 국민대 사회학과

34 초고속정보통신망에서 LAN서비스 제공방안
이재용 | 연세대 전자공학과

35 WTO체제의 정책적 대응
김병진 외 | 경희대 행정학과

80 중소 소매점의 경쟁력과 소매성과
채명수 외 | 한국외대 무역학과

81 고령자를 위한 쾌적한 실내온도와 착의량의 설정
정운선 | 안동대 의류학과

82 지역문화 이벤트 PR
박종민 | 경희대 언론정보학부

83 인터넷 지역정보화의 실태와 전략
유평준 외 | 연세대 행정학과

84 여성 삶의 질 향상을 위한 사회교육 활성화 방안
김양희 | 중앙대 가족복지학과

85 벤처기업과 벤처금융
강대석 외 | 충남대 무역학과

86 구조조정기에 있어서 실업대책과 사회 안전망 구축
박천익 | 대구대 경제학과

87 한국 유아의 조기교육
이명조 외 | 한국외대 교육대학원

88 남북한 경제공동체 형성전략
이상만 | 중앙대 경제학과

89 지방자치회계의 투명성과 주민의 알 권리
권찬태 외 | 경북대 경영학부

90 정치지도자의 정책리더십
이해영 | 경일대 행정학과

91 경제위기와 한국인의 복지의식
신광영 외 | 중앙대 사회학과

92 북한의 노동
김강식 | 한국항공대 경영학과

93 우리나라 중소기업의 정보기술 활용 현황과 경쟁력 강화를 위한 제안
정승호 | 부산외대 정보시스템학과

94 인간배아복제의 법적 · 윤리적 문제점과 그 해결방안
최병규 | 한경대 법학부

95 가치변화에 따른 투표행태
조찬래 외 | 충남대 정치외교학과

96 인터넷 경매에서의 계약체결과 소비자 보호
이기수 외 | 고려대 법과대학

97 세계화시대 남북한 통합의 방향과 과제
윤민재 | 서울대 사회발전연구소

98 글로벌 시대 지방정부의 문화마케팅 전략
박흥식 | 중앙대 행정학과

99 대졸여성실업의 실태분석 및 대학-노동 시장 간 효율적 연계방안
이은우 외 | 울산대 사회과학부

100 그린 투어리즘의 분석
이응진 | 대구대 관광학부

101 지방자치단체장의 부정부패
오일환 | 한양대 아태지역연구센터

102 산업화가 유교체제하 중국여성의 지위에 미친 영향
천성림 | 배재대 사회과학연구소

103 움직이는 말하기
유혜숙 외 | 나사렛대 교양학부

104 장애학생을 위한 특수교육공학의 활용
김용욱 | 대구대 중등특수교육과

105 지식기반사회의 평생교육 이해와 평생교육 프로그램 개발
박성열 | 건국대 교육공학과

106 N세대의 미술교육
김동철 | 대구교육대 미술교육학과

107 노후계획과 투자
권택호 | 여수대 국제통상학과

108 영화산업
양영철 | 경성대 연극영화학부

109 동유럽의 변혁과 언론의 역할
정대수 | 경남대 정치언론학부

110 환율, 임금, 물가가 국제경쟁력 및 수출입산업에 미치는 영향
하인봉 | 경북대 경제통상학부

111 일본기업의 기술혁신 전략
위정현 | 중앙대 상경학부

112 노후보장정책과 역저당연금제도
조덕호 외 | 대구대 행정학과

113 유비쿼터스 라이프와 미래 사회
김석수 | 한남대 멀티미디어공학과

114 죽음과 관련된 생명윤리적 문제들
구인회 | 가톨릭의과대 인문사회과학교실

115 경제적 세계화와 빈곤문제, 그리고 국가
김준현 | 한일장신대 인문사회과학부

116 한국의 세계불교유산
김종명 | 한국학중앙연구원 한국학대학원

117 복지레저서비스론
고태규 | 한림대 국제학부

118 자생적 철학체계로서 인간중심철학
선우현 | 청주교대 윤리교육과

119 전략적 통합과 한반도 평화체제
김승채 | 고려대 정책대학원

120 환경사법론
전경운 | 경희대 법학부

121 인터넷 자료를 통해 본 한국의 이혼 문화와 사회복지
성정현 외 | 협성대 사회복지학과

122 유럽연합의 사회정책에 관한 연구
문진영 | 서강대 신학대학원 사회복지학과

123 여성건강의 통합적 관점
김혜원 | 관동대 간호학과

124 복잡계 네트워크 과학
강병남 | 서울대 물리천문학부

125 경제적인 3세대 전원주택 개발
박근준 | 호서대 건축공학과

126 사회복지와 인적자원개발
이상일 | 인제대 국제경상학부